W0277977

Lebenskrisen · Lebenschancen
– eine Buchreihe,
in der Menschen aus eigenem Erleben
oder aus Anteilnahme am Schicksal eines anderen
versuchen, Ereignisse und Empfindungen
zu reflektieren und aufzuzeichnen,
die zu einem Wendepunkt im Leben führten.
Ob die Ursache der Krise
psychische oder körperliche Erkrankung,
das Scheitern einer Partnerschaft,
die Geburt eines behinderten Kindes
oder der Tod eines nahestehenden Menschen war –
sie wurde zum Anlaß, das Leben zu überdenken.

Nicht der Inzest selber, sondern seine Folgen und seine Überwindung stehen im Mittelpunkt dieses erschütternden Berichtes. Anne Karedig wußte immer, daß sie als Kind von ihrem Vater brutal geschlagen worden war. Der Versuch, diese Mißhandlungen zu bewältigen, ist das Thema ihres Berichts »Zieh dich schon mal aus, ich hol' inzwischen den Stock« (Fischer Taschenbuch Band 10382). In dem nun vorliegenden Buch geht die Autorin einen Schritt weiter: Sie schildert die Auswirkungen dieser Erlebnisse auf ihre Sexualität und das Verhältnis zu ihrem Mann.
Doch erst als ihre Ehe zu zerbrechen droht, setzt sie sich nochmals mit den Problemen auseinander. Angeleitet von einem Therapeuten, geht sie zurück, überprüft aufs neue die Beziehung zu ihrem verstorbenen Vater und findet trotz heftigen inneren Widerstandes Szenen und Bilder, die eindeutig sexuell sind.
Immer wieder versucht Anne Karedig, diese frühen Erlebnisse umzudeuten und zu verharmlosen; zu schwierig scheint die Aufgabe, sich der Realität der Vergangenheit zu stellen, zu überwältigend sind Angst und Schuldgefühle.
Erst im Verlauf der Gespräche wächst ihr Selbstbewußtsein und damit auch die Kraft, die bedrohlichen Szenen objektiv zu sehen und einzuordnen. Mit der klaren Erinnerung kann dann ein Schlußstrich gezogen werden.

Anne Karedig, geb. 1949 bei Bielefeld, studierte Betriebswirtschaftslehre und lebt als selbständige Handelsvertreterin in Regensburg.

Anne Karedig

Weh dem, der mich berührt

Bewältigung eines Inzesttraumas

Fischer
Taschenbuch
Verlag

Lebenskrisen · Lebenschancen
Lektorat: Anke Rasch

Originalausgabe
Veröffentlicht im Fischer Taschenbuch Verlag GmbH,
Frankfurt am Main, Januar 1994

© Fischer Taschenbuch Verlag GmbH, Frankfurt am Main 1994
Umschlaggestaltung: Buchholz/Hinsch/Hensinger
Gesamtherstellung: Clausen & Bosse, Leck
Printed in Germany
ISBN 3-596-11844-1

Gedruckt auf chlor- und säurefreiem Papier

Er schaut mich an. Er steht vor mir und schaut mich an. Tiefliegende, böse Augen, ein abwesender Gesichtsausdruck. Er zieht mich aus.
Mal abgesehen davon, daß es mein Vater ist, auch sonst ist die Mesalliance offensichtlich. Ein zierliches Kind mit langen Zöpfen und dann dieser fette Erwachsene mit seinem mächtigen Bauch, seinen Haaren auf der Brust, seiner Kraft, die mir die Daumen tief in die Kniekehlen drückt... Die blauen Flecken sind heute noch da, überhaupt ist alles das heute noch da, mein Entsetzen, das Wissen um eine heraufdämmernde Katastrophe, die Angst, die Lust, die unterdrückt werden muß und sich doch einen Weg bahnt... Nie wieder... lieber tot, als das noch mal. Lieber hundert Vesparax als noch mal diese Sekunden des versteinerten Entsetzens im Blick auf ihn. Und doch wiederholt sich alles das ununterbrochen, jedesmal, wenn Sven mich anfaßt. Jeder Mann, der vor mir steht, wächst in die Höhe, wächst in die massige Figur meines Vaters hinein, bis er mit ihm verschmilzt, unüberwindlich, riesig. Sein Schatten überragt mich turmhoch. Ich schreie, ich schreie mit zugeschnürter Kehle nicht hörbar: Au..., jedesmal aufs neue: Au... au... Niemand merkt es, mein Schrei erreicht kein Gegenüber.

Der Therapeut entführt mich in eine komische Welt. Er schimpft und lockt, er redet mir zu mit Engelszungen, er versucht es immer wieder: »Sie können das, los, trauen Sie sich doch... Sie schaffen das, geben Sie nicht auf...« Ganz nachgiebig ist seine Stimme, mitfühlend, bis sie dann umschlägt, hart und unbarmherzig wird: »Weinen Sie nicht, ich will, daß Sie jetzt sagen, was Ihnen eingefallen ist. Sagen Sie es... sprechen Sie darüber...«
Das Traumreich, in das ich mich fallen lassen soll, ist ein Kinderland. Kleine Hände, kleine Füße, keine Brüste, eine winzige Scheide... verzaubert und voller Gefahren. Ich sehe es nie

vollständig, nie als wirkliches Bild, nie mit allen Details und nie mit den Personen.
Ist der eine Teil deutlich, verblaßt der andere, dieses Puzzle ist zu schwer für mich... Lauter Einzelteile, die nicht zusammenpassen, und was ich erkennen kann, ist peinlich, ich verstecke es. Ich merke, wie geil ich bin, mein Körper glüht, aber ich fühle ihn nicht, es ist, als ob man Farben hörte und Töne sähe, einfach nicht die richtige Form der Wahrnehmung. Wie kann man geil sein und es nicht fühlen? Statt dessen ist dieses Grauen da, eine weiche, watteweiche Ungewißheit mit dem dumpfen Ton des Grauens. Ich schreie »au«, obwohl mir nichts weh tut.
Ich bin verrückt.

Draußen ist es schon hell. Sven schläft noch. Er atmet ganz gleichmäßig. Ich beobachte ihn ein wenig, selber noch ziemlich verschlafen, und erinnere mich dann, gestern abend noch gelesen zu haben. Es ist besser, die Zeit zu nutzen, als tatenlos zu warten, bis er aufwacht. Aber mein Buch ist nicht zu finden. Ich drehe mich vorsichtig hin und her, schließlich will ich Sven nicht aufwecken, und suche überall, bis ich es endlich auf dem Fußboden entdecke. Ich lege mich wieder zurück, neben ihn, einen Fuß zwischen seinen Knien, und lese, ohne daß er sich gerührt hätte. Diese Stunden morgens sind verloren, der Tag geht vorbei, man könnte wandern oder etwas unternehmen, aber ich finde es unfair, ihn aufzuwecken, und bin nicht entschlossen genug, um allein aufzustehen. Die Wärme im Bett ist angenehm und wohltuend.

Ein leichtes Zittern läuft durch seinen Körper, er stöhnt und bebt. Ich streichle ihn beiläufig mit einer Hand, das Buch noch in der anderen. Er hat oft Alpträume.

›Ich muß die Augen immer ganz fest zukneifen‹, sagt er dann, ›und nachher kriege ich sie nicht mehr auf, den ganzen Tag tun sie mir noch weh.‹

Vielleicht kann ich den Schmerz ein wenig wegstreicheln. So berühre ich ihn an der Stirn, im Gesicht, am Haaransatz, ein bißchen am Bauch, an der Brust, an den Oberschenkeln und spüre, daß er eine Erektion hat, die Somola.

Jetzt, solange er schläft, ist die Zärtlichkeit, die ich für ihn empfinde, deutlich spürbar.

Keine Meinungsverschiedenheiten und keine Probleme beeinträchtigen sie, und es besteht keine Notwendigkeit, sich Rechenschaft darüber abzulegen, wieviel der gemeinsamen Vergangenheit, der Gewohnheit und der Wärme im Bett entspringt und wieviel der aktuellen Beziehung. Ich streichle Sven weiter, und er wird langsam wach, mit seinen milchigbraunen Augen und den Nachtfalten, ganz zerknittert sieht er aus. Dann

lege ich das Buch weg, nehme ihn in den Arm und streiche über seine Schläfen.
Er lächelt mich wortlos an, legt seinen Kopf an meine Schulter und fängt an, mich zu liebkosen. Seine breiten Hände mit den kurzen, gepflegten Fingernägeln legen sich auf meinen Brustkorb, suchen die Knöpfe des Schlafanzugs, öffnen sie und gleiten zielstrebig in die Öffnung zwischen den auseinanderfallenden Pyjamateilen. Auf solch einen eindeutig sexuellen Annäherungsversuch bin ich nicht gefaßt, ich habe Sven zwar gestreichelt, aber nicht wirklich an ihn gedacht. Mein Buch beschäftigte mich noch, so schnell kann ich nicht umschalten, vor allem nicht ohne Gespräch, aber sein Tempo ist atemberaubend. Er fährt mit den Fingern über meinen Körper, zuerst schmeichelnd, dann fordernder, drängender, er langt hin. Seine Berührung erschreckt mich, ich seufze. Kann ich ihm sagen, er soll aufhören, einfach so, ohne Begründung? Wenn er schaut wie jetzt, ist er noch nicht wirklich wach, ich weiß das aus Erfahrung, wie soll ich mit ihm reden und ihm erklären, daß ich mich nicht auf ihn einstellen kann? Er würde mir mit großen Augen zuhören und »ach ja?« sagen, und aller Kontakt zu ihm wäre schon wieder zu Ende.
Dabei sehne ich mich nach Wärme und Nähe.
Das geht nicht, ich will nichts abbrechen, bevor es begonnen hat. Es kann doch sein, daß ich noch auf Touren komme. Halt den Mund, versuch zu genießen.
Sven fummelt an mir rum, mit geschlossenen Augen und ohne zu sprechen, er streichelt mir über die Brust und den Bauch, seine Finger sind hart, ich spanne mich an.
»Dein Bauch ist ja ganz fest«, sagt er und drückt noch stärker hinein.
Er sollte vorsichtiger sein. Er kennt mich doch!
Seine Berührung müßte schwerelos sein wie eine Feder, dann würde sich der Krampf lösen, und ich könnte ihn vielleicht spüren. Aber er hat das vergessen, obwohl ich es ihm schon oft gesagt habe. Er streichelt noch ein bißchen, küßt mich in die Vertiefung über dem Schlüsselbein und zieht sich dann die Hose aus, ein ungeschicktes Gestrampel im Bett, unter der Decke. Schon sind wir ein Paar.

Was für ein Betrug.
Das ist nicht die Nähe, nach der ich mich gesehnt habe. Spätestens jetzt müßte ich etwas sagen, ihn abwehren, mich erklären... Aber ich bin unfähig dazu, wie versteinert.
Soll ich denn immer nur nein sagen?
Als ob er meine Sprachlosigkeit gespürt hätte, fängt er nun an zu reden:
»Noch mal, ganz tief, manchmal gefällt dir das! Und noch mal!« Ich kriege keinen Ton raus, aber er ist sehr geil.
»Und jetzt drehe ich dich um!« kündigt er an, drückt mich mit beiden Händen auf die Seite und dreht mich, bis ich auf dem Bauch liege. Sein ganzes Gewicht lastet auf meinen Hüften, die Arme hat er um meinen Oberkörper geschlungen, und sein Gesicht liegt an meinem. Keine Möglichkeit mehr, mich zu rühren.
Was für Sven Inbegriff von Intimität und Nähe ist, wird für mich zu einem Alptraum der ganz speziellen Sorte; sogar die Luft zum Atmen ist rationiert.
Warum wehre ich mich nicht? Warum merkt er das nicht? Mit ein bißchen Phantasie müßte er doch spüren, daß kein Mensch so liegen kann, den Kopf durch das Kissen hochgebogen und das doppelte Eigengewicht auf dem Rücken. Das kann doch kein Vergnügen sein!
Wenn ich wüßte, was so elend ist, würde ich etwas sagen, aber ich fühle nur Entsetzen.
Mit Furcht im Herzen versuche ich, mich von ihm zu befreien. Ich stemme mich hoch und schüttle ihn ab.
Das alles hat mit Sven nicht viel zu tun, ich liebe ihn doch, oder nicht?
Er bewegt sich immer noch. Jetzt liegt er auf der Seite neben mir, er könnte mich anschauen, wenn er wollte, ich sehe sein Gesicht ganz genau, er hat mich gern, er will mich spüren...
So drückt er sich jedenfalls immer aus, wenn er mit mir schlafen will: ›Komm her, ich will dich spüren...‹
Was finden die Leute bloß daran, das ist doch so fade und eklig, ich fühle überhaupt nichts. Close your eyes and think of England... Aber ich versuche mit aller Kraft, mich auf ihn zu konzentrieren. Es ist doch Sven, mein Mann. In seinem Gesicht

kämpft noch die weiche Verschlafenheit gegen den Zug von Leidenschaft, der sich bereits in der Falte um den Mund abzeichnet. Die tiefen Augenringe, die hohe Stirn, seine starkgeschwungenen Lippen, alles das kenne ich doch, er ist es, Sven, mein Mann.
Wo kommt dann die Angst her, die mich überflutet? Mein Blut erstarrt in den Adern, er ist so groß. Es hat wahrscheinlich wenig mit ihm, aber viel mit meiner schrecklichen Angst zu tun. Jetzt überwältigt sie mich, meine Gedanken geraten durcheinander, das eben Erlebte zieht Kreise, es wird genereller.
Unser Leben steht auf dem Prüfstand: Ich habe den Eindruck, alles das wird nie anders, wenn ich mich nicht aufrapple und Sven verlasse, aber wie sollte ich denn mit dem Kind und ohne die geringste Aussicht, daß sich dadurch etwas Positives erreichen ließe?
Noch dazu weiß ich nicht, ob ich ihn nicht doch liebe. Aber warum macht es mich dann so fertig, wenn er mit mir schlafen will?
Jetzt hat die Katastrophe auch ihn erreicht, er wird endgültig wach, er schaut mich an, er ist traurig.
»Ich hab's dir mal wieder versaut«, sage ich und weine jetzt wirklich, aber das führt auch nicht weiter.
Sven liegt neben mir und stiert Löcher in die Luft. Er sagt nicht, was ihm durch den Kopf geht, ich bin auf meine eigenen Spekulationen angewiesen. ›Diese blöde Kuh‹, könnte er denken, ›jedesmal dasselbe Desaster, langsam hängt mir das zum Halse raus, ich bemühe mich, bin zärtlich, küsse und streichle, säusle was von Liebe, laß mir was Neues einfallen, manchmal hilft's ja auch, aber langsam weiß ich nicht mehr, was ich noch tun soll... Heute hab' ich gewartet, bis ich merkte, wie sie reagierte, bis ihre Brustwarzen steil aufragten, bis sie endlich in Fahrt gekommen ist, und trotzdem war's wieder ein Fiasko! Sie hat doch gestöhnt! Worauf soll ich denn noch achten? Wenn ich mich gehenlasse, nicht mehr ausschließlich an sie denke, sondern laufen lasse, was eben kommt... ach, vergiß es! Diese verschreckten Augen, bewegungslose graue Kugeln... Sie sieht mich doch überhaupt nicht! Ich könnte ge-

nausogut eine Gummipuppe von Beate Uhse bumsen! Verdammt noch mal, ich bin ein ganz normaler Mann und kein Monster! Da könnte man ja Depressionen kriegen! Alles, was ich will, ist ein entspannter Sonntagmorgen, ein bißchen Spaß vor dem Aufstehen ... Ich weiß schon, wie das jetzt weitergeht: mit Seufzen und Stöhnen, laß mich noch ein paar Minuten hier, ich kann jetzt kein Frühstück machen, also mach' ich's ... Dann kommt sie endlich mit verheulten Augen und gramvollem Gesichtsausdruck ... Nein, ich kann nicht mit spazierengehen ... und so weiter und so weiter ... Also, kümmere ich mich um Beate, und das ganze Wochenende kauen wir an dieser verpfuschten halben Stunde. Und warum das alles? Weil ich mit meiner Frau schlafen wollte!‹

»Es tut mir so leid, Sven«, sage ich in die Stille zwischen uns hinein, drehe mich zu ihm um, lege meine Hand auf seinen Bauch und schaue ihn an.

»Ich glaube, wir sollten uns trennen«, sagt er.

Mit eisigem Schrecken höre ich zu. Sind wir endlich da angekommen? Gibt es keine andere Lösung? Früher lief das doch besser! Wir lachten miteinander, und unsere sexuellen Kontakte waren spannend, voller Wärme und Erotik. Heute wissen wir beide nicht mehr weiter. Im Laufe unserer Ehe habe ich mich in einen Holzklotz verwandelt.

Der Morgen dauert ewig. Wir schleichen einer um den anderen herum, bemühte Distanz in Stimme und Benehmen – wie Paare, die nicht streiten wollen. Sven kümmert sich um Beate, albert mit ihr herum, deckt den Frühstückstisch und schickt sie mit der Nutella zu mir: »Komm, bring das mal der Mami, die will auch was davon. Wenn du alles allein aufißt, muß sie ja traurig schauen!« Er weiß genau, daß ich das klebrige Zeug nicht leiden kann, und amüsiert sich über die Hartnäckigkeit, mit der Beate verlangt, daß die liebe Mami doch auch »was ganz Feines« essen soll. Dann bietet er Beate eine »Nabane« an und freut sich, als sie um ihn herumturnt, um sie zu finden. Er ist geschickt, läßt die Banane im Ärmel verschwinden und zaubert sie aus der Müslidose wieder hervor. Beates nackte Ärmchen liegen an seiner Brust, weich, mit einem hellen Schimmer auf den runden Speckwülsten. Sie schlingt die Arme um seinen

Hals und pustet ihm mit aller Kraft ihrer vierjährigen Lungen ins Ohr. »Buh hu hu...«, macht Sven und schüttelt sich...
Wäre es wirklich besser, wir würden uns trennen?
Dieser Idee stehen unsere gemeinsam verbrachten Jahre gegenüber, unsere Tochter, die wir zusammen erziehen wollen, und die lässige Selbstverständlichkeit, mit der wir unser sonstiges Leben meistern.
Nur im Bett läuft das alles nicht, auch mit Rücksichtnahme und Zärtlichkeit ist da nichts auszurichten.
Er kann mir nicht helfen.
Aber wer könnte das überhaupt?
Wer könnte gegen meine ganz privaten Gespenster antreten?
Wer, wenn nicht ich selber?

Der Therapeut ist umgezogen. Er residiert jetzt in einem Hochhaus mitten in der Innenstadt. Dieses Gebäude ist riesig, mit Läden im Erdgeschoß, Arztpraxen und einer Tiefgarage. Alles sehr funktional und doch aufwendig gestaltet, mit Glaspassagen und Marmorfußboden. Das exklusive Flair ist durchaus beabsichtigt, man will Kunden anlocken, die sich sonst nicht in diese triste Gegend im Bahnhofsviertel verirren würden.
Die Praxis des Therapeuten befindet sich im sechsten Obergeschoß.

»Praxis für psychologische Beratung und Psychotherapie
Rennebaum, Lukowitz, Meier-Güntherot,
Gesellschaft für wissenschaftliche
Gerichts- und Rechtspsychologie«

steht auf dem Schild am Eingang.
»Die Bezeichnung ›wissenschaftlich‹ muß mit drinstehen, obwohl das in dieser Form natürlich Unsinn ist«, erklärt mir der Therapeut lachend, als ich ihn frage, was das bedeuten soll. »Wir Psychologen leiden alle unter Minderwertigkeitskomplexen. Zu viele Leute halten uns für Scharlatane.«
Ich benutze den Fahrstuhl, gehe durch einen langen, fensterlosen Flur mit grauem Teppichboden und freue mich, daß die Räume im Innern so hell sind. Die Praxis hat sich vergrößert, es arbeiten jetzt drei Kollegen zusammen, sie haben sogar eine Sekretärin. Diese junge Frau öffnet die Tür und bringt mich in das Besprechungszimmer. Es ist ein großer Raum mit einer Fensterfront, die die ganze Seite einnimmt. Man schaut auf den Bahnhofsvorplatz, beobachtet das Gewimmel der Leute, das Gerangel um Parkplätze, man sieht die lange Reihe der abgestellten Fahrräder, und auch der Busbahnhof ist gut zu überblicken; aber man hört keinen Ton, die Isolierfenster sind schalldicht. Das Interieur des Raumes wirkt futuristisch: stromlinienförmige schwarze Sessel mit lila Kissen, ein hohes

Sideboard, schwarz mit lila Fächern, eine schwarze, spindeldürre Couch mit lila Bezug und einem kleinen schwarz-lila Schränkchen daneben. So was kann eigentlich nur einem Innenarchitekten einfallen. An der Wand hängt ein Sandbild mit schwarzem Rahmen. Man kann es drehen, dann bildet sich eine neue Sandlandschaft. Ein Wunder, daß es nicht auch lila ist.
Zum Glück beginnt Herr Rennebaum die Unterhaltung. Er möchte wissen, warum Sven und ich gerade im Moment an Trennung denken.
Natürlich ist es das Fiasko vom Wochenende, das ich anführen müßte, aber jetzt, zu Beginn unserer Unterhaltung, kann ich mich nicht überwinden, von dieser unangenehmen Peinlichkeit zu sprechen. Soll ich ihm aufs Butterbrot schmieren, daß ich als Frau offensichtlich unfähig bin?
Nachdem dieser Ansatz ausgeklammert bleiben soll, überlege ich die Antwort hin und her. Warum wollen wir uns trennen? Warum sind unsere Schwierigkeiten eskaliert, und was könnten wir sonst tun? Die Frage fällt wie ein Stein ins Wasser, zieht Kreise, läßt mich an die Trauung und Svens braune Augen denken... Viel zu viele Aspekte für einen einzelnen Satz... Die vorher glatte Oberfläche gerät in Schwingungen, verwischt in einer Wellenbewegung alle bisher deutlichen Konturen.
Anstatt zu antworten, fange ich an, ausführlich zu erklären, wie gut wir harmonieren: Unsere Vorstellungen von Partnerschaft decken sich, wir kommen problemlos miteinander aus, unser Umgangston hat zwar das bemüht Freundliche der ersten Jahre verloren, ist großzügiger und üblicher geworden, aber die gegenseitige Achtung, die Sicherheit, sich aufeinander verlassen zu können, sind eher gewachsen.
Darüber zu reden ist nicht schwierig, ich greife mit beiden Händen nach diesem Thema, werde ausführlich und schweife ab. Sven wird immer konkreter, meine Schilderung beschwört ihn herauf, bis er anwesend zu sein scheint mit seiner gedrungenen Gestalt, den breiten Schultern, seinen braunen Augen, die mich mustern. Er mag mich, und ich bin stolz darauf. Wie ein Maler beginne ich mit dem Hintergrund, berichte von der Zeit des gemeinsamen Studiums, zitiere seine englischen Witze und sein fachliches Können, komme auf seine Karriereaussichten

und seine breiten Hände, male seine Figur und setze zum Schluß noch ein paar Highlights drauf: den goldenen Schimmer der Haare, das leichte Zucken im Mundwinkel, wenn er mit Beate spielt.
Er steht vor mir, wie jeden Abend, wenn er heimkommt, die Haustür aufschließt und ruft. »Hal-loho«, klingt seine Stimme in unserem Windfang nach, und ich gehe hin, lehne mit der Schulter an den Türrahmen, begrüße ihn, berichte von den Aufregungen des Tages und Beates Heldentaten und schaue zu, wie er den Mantel auszieht, den Schal abwickelt, die Tasche mit einer immer gleichen, achtlosen Bewegung wegschubst und sich dann zu mir dreht. Er lächelt, schiebt mich durch die Tür in den Flur, sein Gesicht kommt näher, er neigt den Kopf, legt mir die Arme um die Schultern, zieht mich an sich heran, seine Augenlider gehen auf halbmast, und ich merke, daß er mich küssen will.
Ich verstumme.
»Was ist Ihnen gerade eingefallen?« fragt der Therapeut. »Sprechen Sie weiter!«
Sein Kuß ist mir durch die Glieder gefahren, heiß und erregend. Mit einem Aufschrei scheint mein Körper ihn erwartet zu haben, ich fasse in seinen Haarschopf und küsse zurück, tausend Sensoren reagieren auf ihn, die Zungenspitze hat Direktverbindungen zur Brust, zum Bauch, selbst Beine und Rückgrat drängen ihm entgegen, mein Körper blüht auf... nur um in der nächsten Sekunde völlig zu erstarren. Eine humorlose Verweigerung, die sich in dem coolen »Komm, das Essen wartet schon. Beate hat dir was gekocht« hervorragend verstecken läßt.
Die harmlose Variante des Entsetzens vom Sonntag, aber das gleiche Verhaltensmuster. Unvermittelt blitzen unsere Schwierigkeiten auf; vorbei die Idylle der gutbürgerlichen Familie, des liebenden Ehepaares. Meine sorgsam versteckte Macke macht sich breit und grinst schadenfroh, weil ich wieder mal reingefallen bin. Diesmal vor einem Zeugen, ich spüre den prüfenden Blick des Therapeuten.
Vor Sven kann ich meine entnervende Blockade relativ gut verbergen – mittlerweile habe ich jede Menge Übung –, hier sollte ich sie herzeigen, offenlegen, einer Diagnose oder Analyse zugänglich machen, anders werde ich mich nicht ändern können.

Dabei fühle ich mich überrumpelt, wenn ich in Gegenwart des Therapeuten exakt das empfinde, was zwischen Sven und mir Probleme macht.
Beschreibungen, ja, die kann ich liefern, aber die übergangslose Konfrontation mit der Realität meiner Schwierigkeiten läßt mich verstummen.
Die Lippen brennen von dem eingebildeten Kuß, und mein ganzer Leib scheint sich zusammenzukrümmen.
Ich friere.
»Legen Sie sich hin«, fordert mich der Therapeut auf.
Nachdem ich mich auf der Couch ausgestreckt habe, steht Herr Rennebaum auf, dreht seinen Sessel, bis er dicht neben der Liege Platz gefunden hat, und setzt sich wieder, zum Anfassen nah.
Mir ist kalt.
Ein Zentnergewicht drückt meine Brust zusammen, es ist fast unmöglich, Atem zu holen. Meine Befürchtungen wachsen und lassen sich durch vernünftige Argumente kaum in Schach halten. So, im Liegen, hat es der Verstand schwer gegen die Übermacht negativer Gefühle, auch wenn sie noch so unsinnig sind.
Ich zittere vor Kälte, und Rennebaums Gegenwart bedrückt mich.
Er könnte sich vorbeugen, mich anfassen, festhalten und mir auf den Bauch schlagen.
›Damit du's dir merkst!‹ würde er sagen.
Natürlich ist das Unsinn.
Der Therapeut wird mir nichts tun, aber diese Gewißheit ist noch nicht angekommen, sie sitzt ausschließlich im Kopf, während jede einzelne Faser meines Leibes, Sehnen und Muskeln, Blutgefäße und Nerven, sich vor Angst zusammenkrümmen. Wenn ich es zeigen würde, müßte ich zucken und mich winden, meine Zähne würden klappernd aufeinanderschlagen, die Schultern würden sich drehend anheben, mein Bauch würde mich mit seinen Kontraktionen zum Aufstehen zwingen, die Hände drängten sich zwischen die Beine, der Mund wäre halb offen, ich würde das Bild einer Wahnsinnigen abgeben.
Statt dessen spanne ich an, was möglich ist: Meine Finger schie-

ben sich unter den Rücken, ballen sich dort zur Faust, die andere Hand schließt sich um einen Zipfel der Jacke. Nur keine Regung zeigen.
Und doch ist es diese Reduktion, die ich nicht mehr will.
Eingefahrene Antennen.
Verriegelte Türen.
Ich falle auf mich selbst zurück, verliere den Kontakt zum Therapeuten, zu meinem Körper, zur Außenwelt. Das einzige, was deutlich bleibt, ist die Furcht.
Das muß doch endlich anders werden!
Offenheit gehört doch zum Leben. Ein Lächeln, ein Blick, ein Zucken der Mundwinkel, ein Lichtreflex auf der Wange ... alle diese winzigen Anzeichen von Lebendigkeit, die sinnlich sind, anfaßbar, sichtbar, hörbar, tastbar ... Ich verpasse soviel ...
»Lassen Sie sich nicht ins Bockshorn jagen!« sagt Herr Rennebaum. »Wenn Sie die Probleme nicht künstlich vergrößern, brauchen Sie hinterher nicht vor ihnen zu fliehen. Betrachten Sie die Einzelheiten ganz nüchtern, dann können Sie leichter damit umgehen. Beginnen Sie mit dem Naheliegenden: Wie geht es Ihnen jetzt? Ist es nötig, Angst zu haben? Was passiert, wenn Sie loslassen, wenn die Angst nicht länger stört?«
Natürlich weiß ich, wie das wäre. Wenn man entspannt auf einer Couch liegt, beschäftigt man sich weniger mit dem Gesprächspartner, er ist aus den Augen und aus dem Sinn, seine Reaktion wird unwichtig. Was man erzählt, trägt den Charakter eines Monologs, es ist in einen leeren Raum hineingesprochen. Wie beim Einschlafen, wenn ungeordnete, verblüffend zusammengestellte Ereignisse die noch lebendigen Reste des Tages in rätselhafte Schubladen einsortieren, werden Urteile und Bewertungen unwesentlich. Selbst Regungen, die man sonst verstecken würde, können eingestanden werden. In horizontaler Lage scheint das Verhältnis vom Körper zum Kopf verändert zu sein, Ratio und Bewußtsein haben nicht mehr die ihnen sonst selbstverständlich eingeräumte Priorität, sie stehen auf gleicher Stufe mit den Gefühlen, die dadurch ein größeres Gewicht bekommen. Im Idealfall rollt wohlige Ruhe durch den Körper, läßt Bedenken kleinlich und Ängste grundlos erscheinen.

Dann schwebe ich vor mich hin, leicht oder schwer, je nachdem, welchem Teil der Empfindungen ich das größere Gewicht beimessen wollte, der Körper wie fließend, ohne Grenzen, ohne Kante gegen die Außenwelt... ein Zustand, in dem alle Gefühle ganz stark sind und alle Reize ungefiltert wirken; sei es nun eine Berührung oder »nur« eine Phantasie, ein Bild. Alles ist unmittelbar und versetzt den Körper in Schwingungen, die im Rhythmus eines Herzschlags durch ihn hindurchgehen. Bauch und Scheide behaupten ihre Stellung als Zentrum, sie schicken die Botschaft: Du bist eine Frau, man kann dich ficken...

Das ist es, was ich nicht fühlen will, das ist es, worüber ich nicht reden will. Ich reiße mich zusammen, um nicht laut zu stöhnen, die Erregung zu zeigen, mich zu räkeln, die Beine zu spreizen.

Diese Empfindungen lassen sich nur dann kontrollieren, wenn ich wach und wachsam bleibe. Sobald ich mich entspanne, kommen sie wieder; manchmal sehr plötzlich, manchmal schleichend. Auch jetzt sind sie da, obwohl ich aufgepaßt habe. Ich schäme mich; kann nicht begreifen, daß der Therapeut neben mir sitzt und mich anschaut. Er schaut mich an, und ich fühle, wie mir jemand seinen Schwanz in die Scheide schieben will. Es geht nicht, ich bin zu klein. Da fickt er mich hemmungslos, ohne in mich einzudringen, und beschimpft mich, weil ich sogar dazu zu blöd bin, weil man nichts mit mir anfangen kann.

Mein Traumland ist von Monstern bevölkert.

Was soll ich darüber erzählen, wie soll ich mich Rennebaum gegenüber verhalten? Es ist, als ob er auf der Bettkante säße. So geht das doch nicht! Ich bringe keinen Ton mehr raus, fühle mich gedemütigt und verletzt. Daß das nötig ist, diese ganze beschämende Prozedur, ist vielleicht der schlimmste Aspekt meiner Probleme, das, was am meisten Kraft kostet und am wenigsten bringt.

Am liebsten würde ich weglaufen, aber ich bleibe schweigend auf der lila Couch liegen, bis die Stunde zu Ende ist.

Herr Rennebaum steht auf, öffnet die Tür und streckt mir seine Hand zum Abschied entgegen, da kommt so ein heiseres

Schluchzen in der Kehle hoch, es erstickt mich fast. Er ist sehr bestürzt, setzt sich nochmals hin, bietet mir Taschentücher an und versucht, das Schweigen zwischen uns aufzubrechen.
»Ich will nicht, daß Sie mich anschauen...«, ist alles, was ich sagen kann.
»Lassen Sie mich doch wissen, was bei Ihnen abläuft, worauf Sie eigentlich reagieren. Es ist keine Veränderung zu sehen, aber Sie wollen aufstehen und gehen! Dafür müssen Sie doch Gründe haben! Wieso ist das alles so real, wo kommt das her? Das sind die Fragen, die Sie klären müssen. Flucht hilft Ihnen dabei nicht weiter.«
»Was soll ich denn tun?«
»Darüber sprechen, weiter assoziieren, die Bilder vervollständigen, um zu dem realen Hintergrund zu kommen. Vielleicht ist es ein Erlebnis, eine Erinnerung, vielleicht etwas anderes. Erzählen Sie einfach!«
Das kann doch nicht sein Ernst sein. Er kann doch nicht verlangen, daß ich ihm schildere, wie jemand mit mir schläft und wie ich mich dabei fühle! Das ist unmöglich, und ich sehe auch rational nicht ein, was das soll.
Solche Empfindungen gehören in eine tragfähige, dauerhafte Liebesbeziehung, aber nicht auf eine Therapeutencouch. Soll ich ihm nackt vortanzen? Zu welchem Zweck denn?
Wenn ich doch alles einfach vergessen und in die Ecke stellen könnte!

Den Wunsch, alles, was mit Sex zusammenhängt, postwendend zu vergessen, diesen Wunsch kenne ich, seit ich das erste Mal verliebt war.
Mein erster Freund hieß Hans-Dieter. Er war ein Angestellter aus dem Nachbarort, mit dem ich längere Zeit in den Schulferien zusammengearbeitet habe. Er hatte dunkle Haare, ein scharfgeschnittenes Gesicht mit wulstigen Augenbrauen und starkem Unterkiefer, behaarte Hände und ein Siegerlächeln, das mich heute unweigerlich in die Flucht schlagen würde. Für einen unbefangenen Beobachter wirkte er richtig bayrisch, ganz anders als die schmalköpfigen, blonden Norddeutschen, die ich gewohnt war. Das laute Lachen, das er immer wieder hören ließ, wenn bei uns im Büro etwas schiefgelaufen war, ist heute noch in diesen Räumen präsent. Es bewegt sich wie ein letzter Hauch von ihm durch das mittlerweile mehrfach renovierte Gebäude.
Ich war sehr verliebt in ihn, längere Zeit, himmelte ihn an, wie eine Schülerin einen Fünfundzwanzigjährigen anhimmelt, der als Ausbund an Lebenserfahrung und Weisheit vor ihr auftaucht.
Dann heiratete unsere Kollegin, und wir waren alle beim Polterabend eingeladen. Es war ein dunstiges Fest in verräucherten Kellerräumen mit ohrenbetäubender Musik, grölenden Gästen und sehr viel Alkohol. Auf dem Dach prangten ein Kinderwagen und der obligate Pappestorch. Zu Beginn des Abends wurde jede Menge Porzellan zerschlagen. Dann gingen wir in den Keller, um die laute Musik und die Wurstbrötchen zu genießen. Dem Usus der Region entsprechend wurde getanzt, jeder Herr mit jeder Dame. Erst zu sehr vorgerückter Stunde fanden sich die Tanzpaare nach Belieben und Neigung, und da wurde ich von meiner großen Flamme mehrfach aufgefordert. Warum hätte ich zurückhaltend sein sollen? Ich war fröhlich und beschwipst, bester Laune, ausgelassen und von kaum zu

bändigender romantischer Neugier erfüllt. Mein Traummann hielt mich in den Armen.
Die Abendluft empfing uns kühl nach der schwülen Hitze des Kellers, und ich schauerte leicht zusammen, als mir Hans-Dieter meinen Mantel umhängte. Er nahm mich bei der Hand, wir schlenderten langsam zu meinem Elternhaus. Hoch über uns stand der große Wagen leuchtend am Himmel.
Ich fror.
Hilfsbereit zog er mich noch zusätzlich unter seine Jacke und näher an seinen Körper. Es war schön, so zu zweit dahinzugehen, unter einer gemeinsamen, schützenden Hülle, und auch sein Mund an meinem Schläfenhaar fand meine Billigung, genau wie seine Hände auf meiner Hüfte und an meiner Brust.
Als wir endlich bei mir ankamen, waren wir beide ziemlich durchgefroren, und ich lud ihn ein, noch in mein Zimmer zu kommen, um sich aufzuwärmen.
Heute kann ich nicht mehr sagen, wie es passieren konnte, daß ich mit ihm im Bett gelandet bin, aber es war sicher nicht gegen meinen Willen.
Erst als er auf mir drauflag, vorsichtig mit beiden Armen abgestützt, aber trotzdem schwer und bedrückend, schien ich aus einem Traum aufzuwachen, der ohne Ankündigung zu einem Alptraum geworden war. Das alles machte keinen Spaß, und ich fühlte mich zu Tode erschreckt von der unterschwelligen Brutalität dieses Eindringens, auf das ich, aller Aufklärung zum Trotz, nicht gefaßt war. Hans-Dieter wollte mich in weiß schimmernden Armen wiegen, wie man ein Kind wiegt, aber diese Art der Zärtlichkeit war für mich nach dem Schock der Vereinigung nicht zu ertragen. Ich drehte mich aus seiner Umklammerung, sprang auf und verschwand im Badezimmer. Die immer transparenter werdende klebrige Flüssigkeit des Samens und ein dünner Streifen roten Blutes haben sich bis heute an das Ende dieses Abends geheftet. Ich wurde geschüttelt von einer Mixtur massiver Gefühle, die sich nicht ohne weiteres in ein Positiv-Negativ-Schema pressen ließen, schließlich mochte ich ihn ja gerne.
Als ich zurückkam und Hans-Dieters Blick auf mir spürte, war es, als explodierte ich in dieser undefinierbaren Masse. Ich zer-

fiel in lauter Bruchstücke. Wie sollte ich noch mit ihm reden und mich anschauen lassen?
Ich schämte mich so!
Am besten wäre es, alles zu vergessen und neu anzufangen. Dabei war mein junger Freund keineswegs hartherzig oder kaltschnäuzig. Er fragte viel, ohne Antworten zu erhalten, und nahm mich nun endlich doch in die Arme, hielt mich fest und streichelte, was er gerade in die Finger kriegte. Gegen den Vulkanausbruch in meinem Innern war er machtlos und begnügte sich mit der Tröstung der bloßen körperlichen Gegenwart.
Meine Vorstellungen von Partnerschaft und Sexualität waren stark von altmodischen, unzeitgemäßen Romanen und tränenseligen Groschenheftchen geprägt. In diesen Stories war die Liebe ein Ereignis, das mit viel Getöse und unübersehbar in das Leben der handelnden Personen einbrach, die sich dadurch in strahlende Helden und Heldinnen verwandelten. Zufriedenheit und unvergängliches Glück stellten sich von ganz alleine ein.
Ich gab mir alle Mühe, diesem Ideal zu entsprechen. Ich redete mir mit Gewalt ein, wie sehr ich Hans-Dieter liebte, schwer war das nicht, es stimmte ja sowieso, trotz gewisser Vorbehalte, und forderte ihn mehrfach auf, mich zu besuchen. Natürlich tat er das auch. Wir trafen uns nach der Arbeit an den unmöglichsten Stellen, weil diese Freundschaft nach seiner und meiner Meinung geheimgehalten werden sollte, schließlich hatte ich noch nicht mal das Abitur. Ich gewöhnte mich an ihn, hatte ihn gern und fühlte doch eine immer deutlichere Enttäuschung über das Fiasko unseres sexuellen Zusammenseins.
Trotzdem gab es träumerische Stunden voller Harmonie: Hans-Dieter auf meinem Bett, mit angezogenen Knien, um zu zeigen, wie der Schuster ein Paar Reitstiefel besohlt, Hans-Dieter auf der Seite liegend, in einen Bericht über seine erste Arbeitsstelle vertieft, Hans-Dieter im Wald, wie er vor mir hergeht und ein Stöhnen der Begierde ausstößt, als ich ihn aus Versehen am Rücken berühre, sein Blick über die Schulter, voller Verlangen, kameradschaftlich, liebevoll.
Warum dann dies tiefsitzende, kaum wahrgenommene Entset-

zen über die körperliche Seite unseres Zusammenseins? Wie ich es drehte oder wendete, es gab keine Erklärung. Wir sprachen sogar darüber – ich hatte noch keine Übung darin, mich zu verstellen, und er merkte natürlich, daß es zwischen uns auf diesem Gebiet nicht hinhaute. Er schickte mich zu einem Frauenarzt.

Dieser Gynäkologe war ein typischer Vertreter seiner Klasse, wie sie damals noch zu Hunderten rumliefen. »Was wollen Sie eigentlich?« fragte er nach einer gründlichen Untersuchung über die Ränder seiner Halbbrille hinweg, vom Alter her hätte er mein Großvater sein können, »das kommt doch alles von ganz allein. Sie sind zu jung!« – und nicht verheiratet! – hätte er hinzusetzen können.

Na, das war wenigstens eindeutig. Ich wollte etwas, das mir nicht zustand. Ansonsten war also alles ganz normal.

Vielleicht war der Grund für meine Schwierigkeiten darin zu suchen, daß ich von Anfang an entschlossen war, Hans-Dieter nicht zu heiraten – mein geheimer Vorbehalt – und die Affäre irgendwann zu beenden. Als ich die Schule einige Monate später abgeschlossen hatte, verließ ich mein Elternhaus und zog nach Süddeutschland, um zu studieren.

Fünfhundert kaum überwindbare Kilometer zwischen mir und der Familie! Welche Freiheit, welche Sorglosigkeit, welche Einsamkeit!

Wo ich nun wohnte, kannte mich niemand. Soviel freie Zeit und sowenig Verpflichtungen! Das Studium fiel mir leicht, und ich fand auch bald einen netten Freundeskreis, Kommilitonen, mit denen ich arbeitete und studierte. Aber diese Freunde waren eine Sache, meine wechselnden, z. T. völlig belanglosen Beziehungen eine andere.

Die langen Abende waren nicht auszuhalten. Bei allem Ressentiment fand ich es leichter, mit einem wildfremden Typen ein Bett zu teilen. Keinen von diesen jungen Männern hätte ich mir als Ehemann gewünscht. Sie gefielen mir bei einer ersten Begegnung, ich probierte aus, ob sie auf mich reagierten, und fand mich ohne Zwischenraum und Bedenkzeit mit ihnen in einem Zimmer, einem Bett, sprachlos vor Abwehr, blind vor Wut,

voller Haß, ohne je einen Ansatzpunkt zu finden, wenn ich mich fragte, warum ich so was anfing. Die Einsamkeit konnte als Erklärung nicht ausreichen, ich hätte den Abend ja auch mit den Studienkollegen oder Freundinnen verbringen können.
Was ich nicht alles einsteckte, wenn ich mit einem Mann zusammen war! Diese Demütigungen! Wie ein Hündchen ohne Heimat lief ich hinter jedem her, der mich anlächelte und ein bißchen freundlich war.
Vergessen, am besten alles vergessen.
Kam dann die Morgendämmerung herauf, verblich die Nacht langsam, schien auch mein gesunder Menschenverstand von seinem nächtlichen Ausflug heimzukehren, und ich wandte mich unverzüglich von der Umgebung ab, in die mich meine Unvorsichtigkeit hatte geraten lassen. Schaudernd überblickte ich die unaufgeräumte Männerbude mit dem zerwühlten Bett und dem schlafenden Inhalt, zog meine Sachen an und schlich mich weg.
Vergessen, alles vergessen!
Bei solchen Ausflügen war ich sehr vorsichtig, gab nie meine Adresse oder meinen Namen an und machte vorsätzlich falsche Angaben über Alter und Beruf. Ich verwischte die Spuren, weil ich mich schämte.
Von diesen Begegnungen sind winzige persönliche Anteile zurückgeblieben, die nichts mit Sex zu tun haben: Schimmernde Augen im Licht einer Kerze, die schüchterne Stimme eines jungen Türken, der mich ununterbrochen bat, ihn nicht zu vergessen – und gerade ihn habe ich auch nicht vergessen –, die unverfrorene Gradlinigkeit des Schaffners, der, dem Gerüttel des Schlafwagens zum Trotz, ganz ruhig auf mir lag und die dringende Anweisung in mein Ohr flüsterte: »Ne bouge pas, ne bouge pas...«, und dann Hassan, mit dem ich eine sonnendurchflutete Ferienwoche in der Oase Gabés verlebte und der mir beibrachte, tunesische Fischgerichte zu essen und ein Lied zu singen, das mit den Worten ›Mustafa, o Mustafa‹ begann...
Jeder von diesen Männern zieht einen anderen nach. Hassan den besoffenen Engländer, der mich in der U-Bahn liebkoste, und der den unverschämten Bayern, der erklärte, was er für ein

prachtvoller Liebhaber wäre, und der den Studenten mit den ungewaschenen Füßen, der von sich behauptete, sensibel zu sein... als würden sie an einer Kette hängen, einer hinter dem anderen.
Die andere Seite, dies Schattenreich aus Haß und Widerwillen, verdrängte ich so schnell wie möglich. Tagsüber war es verdeckt, und auch wenn ich mit einem Mann sprach, ein wenig flirtete, schöne Augen machte, hatte ich die böse Seite meiner Gefühle vollständig aus den Augen verloren.
Später wurde ich wählerischer, und dadurch bekamen Beziehungen ein anderes Gewicht. Jeder neue Bekannte wurde zum Vehikel der Hoffnung, zum Träger der Idee: Das läuft traumhaft, ohne Belastung, der ist anders, interessant und feinfühlig.
Erst wenn es zu spät war und ich schon wieder nackt, schutzlos, wenn ich wünschte, das alles nicht angefangen zu haben, dann aber nicht mehr wegkonnte, erst dann wurde die Finsternis spürbar. Plötzlich mußte ich das Licht ausmachen oder die Augen schließen, weil ich Angst hatte, mein Gegenüber könnte an der Glut meiner negativen Gefühle verbrennen.
Aber die Atemnot überfiel immer nur mich. Mein irrealer, maßloser Haß drohte nur mich zu ersticken, nur ich war eingemauert in meine unsinnige Wut, ich mußte meine ganze Kraft aufwenden, um das zu kontrollieren, und hatte trotzdem Angst, meinem Liebhaber die Kehle durchzuschneiden oder ihn zu verletzen.
War endlich alles vorbei und ich wieder zurechnungsfähig, setzte ich mich in der Überzeugung ab, daß es halt wieder mal der falsche Mann gewesen war.
Der Schluß blieb sich gleich: am besten alles vergessen.
Erst nach und nach, im Laufe etlicher Jahre, wuchs die Erkenntnis, daß mein Verhalten völlig sinnlos war.
Egal, welcher Mann, ich würde mit keinem zurechtkommen.
Diese Einsicht gab den Ausschlag zu meiner ersten Therapie.

So verständlich auch der Wunsch sein mag, alles zu vergessen, er wird mir auch jetzt nicht helfen.
Aber wie soll ich aussprechen, was sich nicht aussprechen läßt,

Worte für das Unsagbare finden und dann auch noch diesem Unbekannten, dem Therapeuten gegenüber?
Vielleicht interessiert es ihn gar nicht? Vielleicht sagt er: ›Erzählen Sie doch!‹ und denkt in Wirklichkeit: ›Die blöde Kuh, warum meint die, das würde mich interessieren, ausgerechnet das?‹
Es ist ein Fortschritt, daß sich diese Befürchtungen heute aussprechen lassen. Der Therapeut lacht darüber:
»Das ginge nicht. Wenn ich so was denken würde, Frau Karedig, müßte ich meinen Beruf wechseln, und ich täte es auch.«
Er hat ganz spontan geantwortet, es gibt keine Veranlassung, ihm nicht zu glauben.
Trotzdem geniere ich mich und bin entsetzt über den eigenartigen Schwebezustand, der sich in unseren Gesprächen bildet. Immer wieder habe ich das Gefühl, gleich die Beine zu spreizen und meine Hand dazwischenzulegen, um etwas Unwägbares zu tun... Es ist ein Zustand, in dem alles möglich zu sein scheint, und ich reiße mich, allen guten Vorsätzen zum Trotz, zusammen, verhindere, daß ich da hinein- und tiefer sinke. Mein Bewußtsein zieht mich an die kontrollierte und kontrollierbare Oberfläche zurück, bewahrt mich vor den Gefahren der Tiefe.
Herr Rennebaum scheint über unendliche Geduld zu verfügen, er drängt nicht, er bewertet nicht, er urteilt nicht, er will nur, daß ich rede, ausspreche, was mir durch den Kopf geht, beschreibe, welche Gespenster mich bedrängen. Aber gerade dieser Punkt steckt voller Probleme. Die Bilder sind flüchtig, unbeständig und veränderlich, lassen sich weder festhalten noch verbalisieren, und wenn eines tatsächlich mal länger haften bleibt, Substanz und Körper gewinnt, dann ist es so etwas unendlich Peinliches... dann ist es ein durchgeschnittener Mann mit Erektion oder ein geiles Weib oder ein vor Schmerzen weinendes, vergewaltigtes Kind... Wie soll ich das, ausgerechnet das, erzählen und dann noch dem Therapeuten?
»Das ist so unangenehm«, versuche ich Rennebaum klarzumachen. »Es regt mich auf! Wenn ich mich hier hinlege, bin ich high.«
Das ist zwar nicht sehr genau, aber auch nicht gelogen. Eigentlich bin ich ständig geil, aber das mag ich nicht sagen. Es gibt

keine Worte, die ich verwenden möchte, um meine Gefühle zu beschreiben.
Darüber spricht man nicht.
»Ich verstehe das nicht. Zu Hause, mit Sven, wäre es schön, wenn ich so entspannt wäre, aber da passiert mir das fast nie.«
»Sie kämpfen mit Symptomen, Frau Karedig«, antwortet er. »Das hat nichts mit Ihrem jetzigen Leben oder einer konkreten Situation zu tun. Diese Empfindungen sind Symptome, und Ihre Ablehnung auch. Beides Ausdruck derselben zugrundeliegenden Störung. Offensichtlich geht es doch um die Tatsache, daß Sie sich früher einmal entspannt gefühlt und dafür geschämt haben. Es ist nicht sinnvoll, die Wiederholung jetzt zu unterbinden. Produzieren Sie nur Ihr Symptom. Ich erlaube Ihnen ja nicht, es auszuagieren, sondern hebe es auf eine andere Ebene, und wir sprechen darüber, um es aufzulösen. Es hat keinen Sinn, das wegzuschieben. Solange Sie das versuchen, bewegen Sie sich auf der gleichen Ebene wie früher. Schon damals haben Sie zum Schweigen und Verstecken Ihre Zuflucht genommen, ohne einen Ausweg zu finden. Erst wenn Sie Abstand gewinnen und darüber reden, sind Sie nicht mehr Opfer, sondern selbständig Handelnde. Erst dann haben Sie eine Wahl.«
Herr Rennebaum ist sehr ehrlich.
Ich auch.
Aber schwierig bleibt das alles trotzdem. Ein richtiger Eiertanz.

Als ich aus der Praxis des Therapeuten auf den Gang hinaustrete, sehe ich eine gedrungene Gestalt im Treppenhaus stehen. Es ist Sven. Er strahlt über das ganze Gesicht: »Na, freust du dich?«
Mit beiden Händen umfaßt er meinen Kopf, macht jede Abwehr unmöglich und drückt mir einen Kuß auf die Lippen. Seine Zunge schiebt sich tief in meine Mundhöhle, wühlt darin herum, als wäre es seine eigene.
Vorsichtig stemme ich meine Hände auf seine Brust und drücke ihn ein Stückchen weg.

»Laß«, sage ich mit einem pflichtbewußten Lächeln. »Was machst du denn hier?«
»Ich hab' mir freigenommen«, antwortet er. »Wollte dich überraschen. Wir könnten ja zusammen essen gehen, dachte ich, und gemeinsam heimfahren.«
Die Überraschung ist ihm allerdings gelungen, ich bin völlig sprachlos.
»Wie geht's dir?« fragt er jetzt.
»Ach, danke, gut...«, mehr kriege ich trotz Anstrengung nicht raus, sein Kuß schwelt auf meinen Lippen, fährt mir durch den ganzen Körper, elektrisiert mich und läßt mich verwirrt zurück. Was denkt er sich bloß! Wir stehen doch in einem öffentlichen Treppenhaus, wenn jetzt jemand kommt! Es ist mir unangenehm, daß ich auf ihn reagiere, als würde er mich vorführen wollen, als wäre ich sein Spielzeug. Will er mich bloßstellen, oder ist das schon wieder ein Symptom?
›Aha, schon wieder!‹ sollte ich mir denken, hat Herr Rennebaum empfohlen, wenn mir so etwas auffällt. »Stellen Sie das einfach nur fest. Aha, schon wieder. Reagieren Sie nicht darauf, fühlen Sie sich deswegen nicht schlecht oder gut, sondern betrachten Sie es. Nur so können Sie Abstand gewinnen.«
Trotzdem kommt es mir vor, als täte ich etwas Verbotenes. Als müßte ich geheimhalten, was doch schon lange legitim ist: daß wir uns mögen und deshalb auch anfassen, streicheln, küssen und miteinander schlafen.
»Nicht reinziehen lassen! Abstand halten! Sie haben die Wahl!« (Rennebaum)
Langsam, während wir die Treppe sechs Stockwerke weit hinuntergehen, kommt die Entspannung und damit die Freude. Sven mag mich immer noch!
Ich trete näher an ihn heran, lege den Arm um seine Hüften und merke, wie er atmet. Er nimmt mich bei der Hand und mustert mit zufriedenen Augen das modische Outfit.
»Na, du Pflaume«, sagt er, »hast du mich wieder für ein Gespenst gehalten?«, und wir grinsen beide.
Die Anspannung fällt ab, ich freue mich darauf, mit ihm allein zu sein. Beate besucht heute eine Freundin, wir haben den ganzen Abend für uns. Sven verwöhnt mich, nimmt eine

Flasche Wein mit ins Schlafzimmer, dunkelt die Beleuchtung ab und streichelt mich, als ich mich auf dem Bett ausstrecke. Ich liege auf dem Bauch, hingeflossen, das Gesicht in ein Kissen geschmiegt, ganz langgedehnter Rücken, wohlige Hingabe. Er zieht meinen Schutzfilm runter, und zum Vorschein kommt die normale Haut, sensibel, ansprechbar, empfänglich, bestens durchblutet und ausgehungert. Sie schreit nach weiteren Empfindungen, sie fiebert seinen Händen entgegen.
Wer sonst könnte mich so angenehm in eine innige Beziehung zurückstreicheln?
Es geht mir ungeheuer viel durch den Kopf, viel zuviel, um es mitzuteilen, so schnell könnte ich gar nicht reden, obwohl ich in der Hinsicht tatsächlich Talent habe. Bild reiht sich an Bild: Die Häuserschluchten in New York, die für absolute Isolation stehen; oder die Einsiedelei im Atlasgebirge, nach der ich mich manchmal gesehnt habe; oder, ganz simpel, ein leeres Zugabteil, in dem ich eines Morgens aufwachte; lauter Situationen, in denen die Einsamkeit zum Weinen deutlich faßbar war, und jetzt, hier mit Sven, finde ich das Gegenstück: die Hoffnung, die Fürsorge, das Leben mit seiner Fülle von positiven Empfindungen. Sollte ich je auf die Idee kommen, nach New York zu fliegen, müßte ich nicht allein sein, Sven säße neben mir, seine Hand in der meinen. Ein Gefühl unendlicher Zufriedenheit und fester Zuversicht: Ich bin nicht ohne Gefährten, ich habe jemanden, der mich begleitet, der bei mir bleibt.
»Hmm«, sage ich zu Sven, »es ist wunderschön, nicht allein zu sein.« Er wundert sich bestimmt, warum ich solche Platitüden überhaupt ausspreche, aber er ist großzügig und seufzt voller Behagen: »Das finde ich auch. Es ist gut, daß du das endlich mal merkst.«
Nicht nur negative Gedanken strahlen aus, auch die Wärme dieser Stunden wirkt nach und läßt die Idee keimen: Wie schön, wenn es immer so wäre. Wenn wir keine Schwierigkeiten mehr hätten, wenn ich nicht mehr jeden Tag neu beweisen müßte, daß ich in Ordnung bin. Wenn ich selbstverständlich davon ausgehen könnte, daß die Fähigkeiten, die ich habe,

auch morgen nicht plötzlich weg sind, daß ich arbeiten, mein Kind versorgen, meinen Mann gern haben kann, ohne dauernd unberechenbaren Ängsten ausgeliefert zu sein. Einfach gewiß sein, auch morgen noch mit Freude zu leben, zu genießen und meinen Teil einzubringen.

Herr Rennebaum hat ein Wunderding angeschafft. Dem Prospekt nach nennt man es ›Mind Machine‹. Er meint, ich sollte es probieren, es würde die Gespräche erleichtern, weil ich ruhiger wäre. Entspannung per Knopfdruck.
Das Drumherum hat ein leichtes Flair von Zauberei. Ich liege auf der Couch, mit einer schwarzen Brille auf der Nase und Kopfhörern über den Ohren. Wild zuckende, farbige Blitze bilden geometrische Formen vor meinen Augen, und an- oder abschwellendes Brummen dröhnt in den Ohren. Das hatte ich mir anders vorgestellt. Manchmal ist die Sache unangenehm, meistens aber nur einschläfernd. Die hier verwendeten Betawellen sollen das Gehirn zu einer tiefgehenden Entspannung veranlassen.
»Vielleicht fallen Ihnen mehr Einzelheiten ein. Es kann auch sein, daß es für Sie leichter wird, sich auszudrücken«, sagt Herr Rennebaum.
Ich werde den Verdacht nicht los, daß er in Wirklichkeit nur mit diesem Ding experimentieren möchte.
Nachdem ich mich daran gewöhnt habe, erscheinen trotz des Krachs und der roten Blitze befremdliche Bilder. Sie sehen harmlos aus: Gemälde von Beckmann, wie sie vor kurzem bei uns ausgestellt waren. Ein Zirkuszelt mit vielen Zuschauern. Es verjüngt sich nach hinten; ich gehe hindurch und komme in ein Haus, laufe durch große Säle mit vielen Personen. Sie heben sich hell von dem dunklen Hintergrund ab, Beckmanns Geschöpfe, Theaterkulissen. Ohne Zögern passiere ich wahllos irgendwelche Türen, durchquere einen Flur und trete in eine neue Zimmerflucht ein. Eine unsichtbare Kraft scheint die Leitung übernommen zu haben und mir zu sagen, wohin ich gehen soll. Hier sind kaum noch Leute, und mit logischer Zwangsläufigkeit gerate ich in immer abgelegenere Ecken, bis ich in einem abgedunkelten Raum lande, in dem sich niemand aufzuhalten scheint.

Mein Herz pocht langsam und schwer bis zum Hals, die Schläge erschüttern den ganzen Brustkorb, und mir ist eiskalt, obwohl Schweißtropfen von der Achselhöhle zu den Ellbogen hinunterrinnen.
Das war keine gute Entscheidung.
In dieses Zimmer hätte ich nicht eintreten sollen.
Jetzt kann ich nicht mehr weg.
Den Raum könnte ich ohne Hinschauen genauestens beschreiben: Rechts neben der weißen Tür mit Plastikgriff, in der ich stehe, ist gleich neben der Ecke eine zweite, die ins Badezimmer führt. Den Rest der Wand nimmt ein großer Schrank ein, so ein scheußliches Möbelstück ohne Charakter, wie sie nach dem Zweiten Weltkrieg produziert worden sind: unentschlossen hell grau-braun, mit abgerundeten Kanten, einem Sims obendrauf und komisch nach außen gedrehten Plattfüßen. Mir gegenüber, auf der anderen Seite des Zimmers, sind zwei Fenster, ebenfalls weiß, zwischen denen eine Kommode mit Spiegel plaziert ist, und links steht das Ehebett meiner Eltern, plattfüßig, flankiert von den Nachtkästchen, umgeben von einer gestreiften, dreiteiligen Bettumrandung. In den runden Kanten der Kommode, der Nachtkästchen und des Bettes spiegelt sich der scheußliche Stil des Schrankes, aber wie widerlich auch die Möblierung ausgefallen sein mag, sie ist nicht Grund meines Erschreckens.
Auf dem Bett mit der grün-goldenen, in gleichmäßigen Quadraten abgesteppten Tagesdecke sitzt mein Vater.
Er winkt.
Wie von einem Faden gezogen, trete ich heran, bis ich ganz nahe vor ihm stehe. Er legt mir die Hand unter das Kinn, schaut mir in die Augen und zieht mich zwischen seine Beine. Ich reiche ihm nicht mal bis zur Brust. Er ist ein Riese, ein sitzender schwarzer Riese mit Anzug und Krawatte.
Papi, schlecht gelaunt.
Seine in sich gekehrten, mich fixierenden Augen scheinen jedes Leben verloren zu haben, sein geliebtes, sonst so fröhliches Gesicht mit den Lachfältchen um die Augen hat in der Konzentration auf die sich jetzt anschließende Prügelorgie alle Regungen eingebüßt, und auch die Bewegung der Arme und Hände voll-

zieht sich wie von selbst; ferngesteuert von einer Mechanik, auf die weder er noch ich Einfluß haben.
Gleich wird er mich ausziehen, nackt über seine Knie legen und mit dem bereitgehaltenen Stock schlagen. Ich fühle seine Hand auf meinem Po, die brennenden Striemen, Schmerzen, Erregung und Haß. ›Papi, ich hab' dich lieb‹, mußte ich ihm sagen, wenn alles vorbei war. ›Papi, ich hab' dich lieb!‹ Welch ein Hohn!
Ich höre den Therapeuten fragen: »Beschreiben Sie genau, was passiert. Wie ging die Szene weiter? Was hat Ihr Vater gesagt, was hat er getan? Versuchen Sie, sich an die Einzelheiten zu erinnern, lassen Sie nichts aus...«
Das Bild verändert sich, ein Quantensprung...
Die Zeit wird porös, und ich falle durch ein Loch in tiefere Regionen, ungeordnete, dunkle Lebensabschnitte, das ist ein Abrutschen in die Gletscherspalte der frühen Kindheit.
Mein Vater zieht mich an sich, zwischen seine Beine, und ich fühle seine Geschlechtsteile an meinem Bauch, den Oberschenkeln, der Scheide. Ich fühle ihn da, riesig groß, dick, nachgiebig. Gleich wird er mich schlagen.
Etwas steigt in der Kehle auf, ich werde geschüttelt, möchte es ausspeien... Das will ich nicht im Mund haben, aber es ist da, widerlich weich, nicht zum Wegschieben, nur zum Auskotzen...
Ekel schüttelt mich.
Spermaweißer Ekel.
Eisig.
Ich ziehe mich zurück.
Die Klappe senkt sich, ich bin wieder wach und liege in einer therapeutischen Praxis auf einer lila Couch. Ich fühle nichts mehr, ich habe meine Empfindungen abbestellt, wie man einen ungewünschten Artikel zurückgehen läßt.
Auch jetzt gilt das noch. Ich habe nicht die Möglichkeit, diese Entscheidung rückgängig zu machen, das müßte das Kind von damals tun. Doch dieses Kind steht wie versteinert vor einem Mann mit gespreizten Beinen und angeschwollenen Hoden. Dann schaue ich in sein Gesicht: ein ganz normaler Mann, mein Vater. Er sitzt da mit seinem fetten Körper, der auch geliebt

werden will. Ein ganz normaler Mann, nur daß es eben mein Vater ist... Auch an seinen Hoden und seinem Penis ist nichts Besonderes, sie fühlen sich ganz normal an, so wie jeder Mann sich anfühlen würde, der sich an eine Frau drängt und an ihr reibt.

Seine Hoden, wie ich sie einmal sah, als er in einer Badehose vor mir stand. Das Schwimmbecken, in dem ich lag, war tief unten. Er stand am Rand mit seinen weiten Shorts. Schrumplig sahen diese Dinger aus, wieder nur so ein Stück von ihm, so ein Detail, das sich nicht zu einem Gesamtbild fügt, es bleibt extra, steht neben seinen ganz anderen Teilen, unverbunden, rätselhaft, beklemmend.

Ich hätte damals nicht hinschauen dürfen.

Ich hätte damals nicht hinfühlen dürfen.

Alle Situationen, in denen ich heute zur Salzsäule erstarre, können dieses eine Mal nicht ungeschehen machen.

Es war nicht richtig.

Ich sollte nichts fühlen und bin auch noch ganz entsetzt von diesem Ding da, das viel zu groß ist für mich; ich kann ihm ja nur in die Augen sehen, wenn er sitzt und ich stehe... Er soll mich doch... gehen lassen...

Der Heimweg gestaltet sich unerwartet gruselig. Völlig konfus rotieren Gesprächsfetzen in meinem Kopf, schweben herrenlose, behaarte Beine vor meinen Augen, und jetzt tauchen auch noch Einzelheiten zu unserer neuen Küchenausstattung auf; eine Verkäuferin in dem Elektrohaus hat mich gestern mit Daten vollgestopft, sie quellen mir zu den Ohren heraus: »Und hier, gnä' Frau, haben Sie dann 680 Watt, es steht zwar 560 drauf; aber, gnä' Frau, das ist nur so wegen der genormten Bezeichnungen, in Wirklichkeit, gnä' Frau...«

Die Umgebung zerfällt in lauter unzusammenhängende Einzelteile: Kanaldeckel in der Luft, Gras auf der Straße, die Kreuzungen sind absonderlich weit und unbewohnbar... Eine Krater-Mondlandschaft, ohne jeden Bezug zu meinem Auto, zu dem glänzenden Metall der Ampelpfosten, zu mir selber. Es ist eine Welt aus Details ohne Hauptsache, aber mit brisanter Hoffnungslosigkeit.

Auf der vierspurigen Straße fährt ein Kleinwagen, die Heckscheibe sehr transparent, wie mit Air-Brush gemalt, farbiger und deutlicher als in der Realität üblich. Das Cockpit ist auf modernste Art gestylt, in jeder Einzelheit der Digitalanzeigen erkennbar, es springt mir förmlich in die Augen.
In dem Wagen sitzt ein schlanker, großer Mann mit einem schmalen Kranz weißer Haare. Er redet heftig auf seine Beifahrerin ein, sein langer Zeigefinger sticht auf sie herunter, als ob er sie aufspießen wollte, und dazu höre ich Herrn Rennebaum, sehe ich ein namenloses, verschmiertes Gesicht, das auf unerklärliche Weise immer wieder das eines Kindes wird, spüre ich etwas Hartes in meinem Mund, stöhne unter einem schweren Gewicht auf meinem Bauch, spreize die Beine und wimmere: »Au... au...«
Es hätte mich nicht gewundert, wenn die ganze Welt sich solcherart zerlegt und aufgelöst hätte. Jedes Steinchen im Asphalt führt ein surrealistisches Einzelleben. Kafka: Manchmal muß ich mich mit Zähnen und Klauen an meinem Schreibtisch festhalten, um nicht verrückt zu werden. Ich kann's ihm nachfühlen.
Um ein Haar passiert ein Unfall, weil ich auf die falsche Straßenseite gerate, ohne es zu merken. Geschockt stelle ich nach diesem Erlebnis den Wagen ab und gehe erst mal ein paar Schritte zu Fuß, um wach zu werden. Lange kann ich mich nicht aufhalten, Beate wartet.
Ein anderes Kind hat sich mit ihr gestritten, und die Kindergärtnerin dachte nicht daran, ihr zu helfen. Beate redet ununterbrochen über diese Auseinandersetzung, unzufrieden darüber, daß ich so einsilbig bin. Während des Essens plappert sie weiter ohne Punkt und Komma, es bleibt keine Zeit, um an etwas anderes zu denken, und nachher verstehe ich meine Aufregung selbst nicht mehr.
Was habe ich denn gesehen, frage ich mich. Doch nichts, aber überhaupt nichts, was ich nicht schon lange gewußt, was ich nicht schon tausendmal erinnert hätte.
Mein Vater saß auf seinem Bett, schaute mich an, zog mich zu sich, bis mein Bauch seinen berührte, und zog mich aus, um mich zu schlagen.

Keine neue Handlung, nur ein neues altes, neu erinnertes altes Empfinden.
Es gibt keine Beschreibung des Erschreckens – was ich erlebe, ist nicht in Worte zu kleiden. Mein Vater, der ganz plötzlich neben seiner Rolle liegt. Ich mit meinem geschlossenen Mund – als hätte ich ihn voll Sperma – nicht möglich, es auszuspucken, nicht denkbar, es herunterzuschlucken. Halt den Mund verschlossen, laß nichts herausrinnen, halt alles bei dir, behalte die Erinnerung, laß sie dir nicht wegnehmen.
Vergrabe sie tief, noch tiefer. Sage niemandem, wo sie ist. Sie ist die Quelle deines Hasses, und nur der hält dich am Leben.
Das einzige, was jetzt noch, zu Hause, und vielleicht das einzige, was jemals sicher gestimmt hat, ist mein Gesicht. Ein verzerrtes, vollgeschmiertes Gesicht.
Ich winde und drehe mich, die Soße läuft mir an der Nase entlang runter, klebrig, pappig, warm und unangenehm.
Wo kommt das Sperma her?

Vielleicht stimmt meine Erinnerung nicht, überlege ich in der nächsten Woche bei Rennebaum. Er ist verblüfft.
»Sie spüren es doch?«
»Ja, ich spüre es schon, aber vielleicht ist es von später... Samen ist eklig, er klebt so fest, man meint, man reißt die ganze Haut ab bei dem Versuch, das abzuwischen.« Selbstvergessen habe ich laut gesprochen und schäme mich, als es mir bewußt wird. Es ist eine sonderbare Art von Exhibitionismus, was ich da mit dem Therapeuten treibe.
Er meint, es wäre eine Bemerkung über früher gewesen, auch wenn ich das nicht extra dazugesagt hätte.
Doch das trifft nicht den Kern. Früher und Heute verhaken sich so eng ineinander. Letztlich sind sie nicht zu trennen, ein Geflecht verzwirnter Sachverhalte, ein festes Netz auf den Achsen von Zeit und Raum – man kann keinen einzelnen Faden herausziehen, sie hängen zusammen, undeutlich oder unübersehbar. Es würde die Dinge von ihrem Hintergrund und ihrer Zukunft abschneiden, wollte man versuchen, einen einzelnen Bereich zu isolieren.

Alles, was ich dem Therapeuten erzähle, ist daher auch eine Auskunft über die Person, die ich heute bin, ihre Handlungs- und Denkweise, ihre Gefühle, ihre Ängste, ihre Freuden, Befürchtungen, Hoffnungen und ihre Geilheit. Alles das geht ihn im Grunde nichts an.
In dieser Hinsicht stimmt er auch voll mit mir überein. »Nein, das geht mich wirklich nichts an. Das sind außerordentlich intime, private Dinge, die bei Ihnen oder zwischen Ihnen und Ihrem Mann ablaufen, und dies Privatleben hat berechtigterweise jeden Schutz verdient, das ist selbstverständlich.«
Dafür, daß es so selbstverständlich ist, geht es zeitweilig entsetzlich schlecht.
»Genau das macht es hier zum Thema.«
Er ist tief in den Sessel gerutscht und schaut nicht hoch, sondern denkt nach, mit aufgestützten Armen und in sich gekehrtem Blick. Lässig sieht das aus und ist doch nur seine ganz gewöhnliche Arbeitshaltung. Er hat sich seit unserer ersten Begegnung nur geringfügig verändert. Die feinen, fransig abstehenden Haare sind noch etwas dünner geworden und bedecken kaum mehr die Stirn, einige Falten um den Mund scheinen sich tiefer eingegraben zu haben, aber sein Gesicht läßt mich daran denken, daß es immerhin möglich war, ihm Sachen zu erzählen, die außerhalb dieses Raumes verschwiegen werden.
Zwischen der Lehne und seinen Hüften schimmert Licht, auch auf den Schultern hat sich der Widerschein der morgendlichen Sonne niedergelassen, ein heller Rand scheint sie einzurahmen.
In der sanften Beleuchtung, die durch den Kontrast zu dem schwarzen Bezug des Sessels besonders eindringlich wirkt, spüre ich plötzlich die aberwitzige Hoffnung aufsteigen, die sich schon früher an die Person dieses Mannes geheftet hat, an seine hängenden Augenlider und seine eindeutigen Ansichten... die vielleicht nicht berechtigte, aber doch so tröstliche, weiße Lüge: Es ist alles ganz einfach. Das Leben ist nicht als Bürde gedacht, zu schwer, um getragen zu werden, voller Verzweiflung, Tränen und Depression, sondern Leben kann schön

sein, eine Aufgabe, die fasziniert und die begeistert; man muß nur wissen, wie es anzufassen ist.
Vollkommen in Trance komme ich nach Hause, verfolgt von dem Widerschein der Sonne auf Rennebaums Schultern und den leblosen Augen meines Vaters.

Mein verstorbener Vater und seine merkwürdige Art der Liebe waren Thema der ersten Therapie. Die sexuelle Seite seiner Mißhandlungen war mir nicht klar gewesen, aber die Erfahrungen aus dem sich häufig wiederholenden, rituellen Ablauf machten einen normalen Kontakt zu Männern unmöglich. Winzige Gesten, kaum bemerkte Bewegungen oder an damals erinnernde Empfindungen ließen mich bei jeder Annäherung erstarren. Vergangenheit und Gegenwart vermischten sich ständig.
Erst als ich die ursprüngliche Situation mit ihren mörderischen Prügeln und meine damals berechtigte Angst vollständig erinnerte, lösten sich die irrationalen Reaktionen auf. Begebenheiten von früher und Kontakte heute wurden zu klar unterscheidbaren, getrennten Erlebnissen, die nichts miteinander zu tun haben.
Als ich Sven kennenlernte, war ich meine katastrophalen Angstanfälle zwar nicht völlig losgeworden, aber sie standen einem Zusammenleben nicht mehr grundsätzlich im Wege.
Es war schön, zu spüren, wie der Alptraum des Geschlagenwerdens endlich zu weichen begann. Vorsichtig ertastete ich die neuen Möglichkeiten, ließ mich nach und nach auf engere Kontakte ein und merkte allmählich, mit jedem Monat ein bißchen mehr, daß mir nichts passierte, daß ich flirten und schmusen, küssen und streicheln konnte, ohne von Gespenstern überwältigt zu werden. Kurz vor der Hochzeit, das war kurz nach meinem Examen, schloß ich die Therapie ab. Endlich gesund.
Heute dominiert der Eindruck, daß sich alles das nur kurzfristig zurückgezogen hat. Ich mag meinen Mann, wir vertragen uns; er ist zärtlich und liebevoll, aber im Bett, da kämpfen wir mit absurden Schwierigkeiten. Wenn wir nebeneinanderliegen, uns unterhalten und die Stimmung vom Alltäglichen ins Erotische umschwenkt, schlafe ich manchmal mitten im Satz ein, oder ich werde so unruhig, daß ich aufstehen und mich bewegen

muß, weil Atemnot, Herzrhythmusstörungen und Bauchkrämpfe unerträglich sind.
Läuft ein Zusammensein tatsächlich mal ohne diese Probleme, bekomme ich am nächsten Tag mit steter Regelmäßigkeit eine Blasenentzündung. Der erste Urologe, den ich deshalb konsultiert habe, diagnostizierte eine ›Flitterwochenblasenentzündung‹. Diese flapsige Ausdrucksweise hat mich damals sehr geärgert. Was bildet der sich eigentlich ein! Nur weil er ein Mann ist und ihm so was nicht passieren kann, braucht er mich doch nicht zu beleidigen!
Jetzt bin ich bei einem älteren Arzt. Er verschreibt mir Antibiotika, spricht von ›konstitutioneller Infektanfälligkeit‹ und meint, das wäre gar nicht so selten.
Hin und wieder liege ich neben Sven, es ist alles in Ordnung, keine Angst, keine Probleme, es geht uns gut. Dann sehe ich plötzlich meinen toten Vater vor mir stehen. Er bleibt unbeweglich, er schaut mich nur an, er sagt nichts, er tut nichts, aber diese Vision verschwindet nicht mehr. In unserem Ehebett liegen drei Personen: Sven, ich und ein Zombie.

Stück für Stück haben wir unsere Zuversicht verloren und Freiheiten verspielt, ohne es zu merken. Sex wird immer schwieriger, und nun droht er, unsere Beziehung zu zerstören.

Fast hatten wir es geschafft, es war doch alles schon vorbei!
Ein Leben ohne Angst schien greifbar nahe.
Der Alptraum deiner Schläge, Papi, verblaßte, und ich konnte endlich arbeiten, heiraten, glücklich sein.
Warum tauchst du wieder auf?
Laß mich doch in Frieden!
Wenn du unbedingt ein Kind quälen willst, dann tue es doch, aber laß mich in Frieden.
Verschwinde in deinem Grab, und belästige mich nicht mehr.

Als ich das letzte Mal zu Hause war, habe ich ihn besucht. Über den schwarzen Kiesweg bin ich von der Kirche aus zum Friedhof gewandert. Vorbei an dem modernen Brunnen, der sich

vergeblich bemüht, den Gegensatz zwischen der gotischen Kirche und dem in Betonplattenbauweise gestalteten Rathaus erträglich erscheinen zu lassen. Die Synthese ist nicht gelungen. Friedrichstal hat den Sprung von einem gemütlichen, verschlafenen Nest mit Bäumen am Straßenrand zu einer aufstrebenden Industriegemeinde nicht gestalten, sondern gerade nur verkraften können. Die Vorgärten sind verschwunden, sie haben in den fünfziger Jahren der Straßenverbreiterung weichen müssen, und auch die kleinen Podeste vor den Haustüren, auf denen man am Abend saß und sich unterhielt, sind nur noch bei wenigen Häusern erhalten.
Vom Rathausvorplatz geht der Weg über eine kleine Parkanlage bis zum Eingang des Friedhofs. Über diese Strecke ist auch sein Sarg getragen worden, und der ganze Weg hat nicht ausgereicht, die Trauergemeinde aufzunehmen, einige hundert Personen. Alle diese Leute kannten nur eine Seite von ihm. Herzlich, geschäftstüchtig, zuverlässig.
Ich kannte die andere.
Der Friedhof ist streng geometrisch angelegt. Vom Tor zieht sich ein breiter, sauber gekehrter Weg bis in den hinteren Teil. Die Gräber sind von schmalen Steinkanten eingefaßt, durchweg gepflegt, mit Koniferen und blühenden Stauden bepflanzt. Im älteren Teil sind sie verschachtelt, man muß über die Kanten balancieren, um zu manchen Ruhestätten gelangen zu können. Die Gemeinde war zu knauserig, um gutes Ackerland für einen Friedhof zu opfern. Nur wer es sich leisten konnte, hatte ein größeres Familiengrab. Zwischen diesen sind winzige Parzellen eingequetscht, auf denen weniger begüterte Personen, Alleinstehende und kleine Kinder bestattet wurden. Früher waren die Bauern in unserer Gegend sehr arm, heute ist man großzügiger, es gibt genügend andere Erwerbsquellen. Jetzt haben die Gräber Einheitsgröße, alle genormt nach DIN-Format; rechtwinklig zu den Wegen ausgerichtet.
Das Bedürfnis nach Sauberkeit hat sich nicht verändert; nur bin ich heute nicht mehr sicher, daß tatsächlich alles hier so ordentlich und gut geregelt ist.
Im hinteren Teil liegt das Grab meines Vaters. Ein Findling

steht drauf, mit Geburts- und Sterbedatum, Mamis Blümchen und Kies.
Nein, ich spucke nicht drauf.
Ich stelle es mir nur vor.
Aber meine Wut hat etwas Gekünsteltes. In den Stunden der Therapie, da habe ich öfters Wut empfunden, helle, böse Zerstörungslust und das Bedürfnis, diesen ganzen reinlichen Ort auf den Kopf zu stellen, abzurechnen, seine Maßstäbe zu erschüttern und einen Ehrenbürger, meinen geachteten Vater, öffentlich anzuklagen. Aller Welt wollte ich klarmachen, was er mir angetan hat.
Aber jetzt, hier, auf dem Grab mit Vergißmeinnicht und Efeu, ist die Wut nicht mehr greifbar.
Statt dessen steht fassungsloses Erstaunen im Vordergrund.
Was ist zwischen uns abgelaufen, Papi?
Werde ich dieses Rätsel je lösen können?
Die Angst vor deinen Schlägen ist weg.
Was hält mich jetzt noch?

Der Apparat bei Rennebaum ist heute anders eingestellt, und das Programm läuft unangenehm nah vor meinen Augen ab. Als ob mir jemand in die Ohren schreit und mit einer Taschenlampe ins Gesicht funzelt. Ich muß die Augen schließen, mich gegen diese Bombardierung abschotten, so gut es geht – der Produktbeschreibung nach geht es gar nicht, aber ich schaffe es trotzdem –, und bin danach erschöpft und unruhig. Herr Rennebaum fragt, was mich so nervös macht, aber ich kann es nicht erklären, ich weiß es auch nicht...
»Lassen Sie es laufen, blocken Sie nichts ab...«
Er sollte sich eine Schallplatte zulegen mit diesem Text, das würde die Sache erheblich vereinfachen.
Eine Brust schmiegt sich in meine Hand, sie ist großflächig, nachgiebig und behaart. Ich spüre die Aussparung, wo sich die noch weichere Haut der Brustwarze befindet, mit dem kleinen, rauhen Nippel in der Mitte. Die Haare kitzeln, der Druck ist mir unangenehm, und dann spüre ich sie auch im Gesicht, auf der Wange, an der Nase, auf den Lippen. Jede Menge Haare auf den Lippen und der Eindruck, ich hätte etwas im Mund, riesig, fest, mit weicher Außenhaut, es stößt im Rachen an. Epidermis, so weich wie Seide.
»Erzählen Sie, was Sie sehen, erzählen Sie es doch...«
Ich bin heiß, erregt, es ist mir peinlich. Läßt sich das beschreiben? Endlich fallen mir dazu Worte ein: »Es irritiert mich unheimlich, daß es mich anmacht...«
»Das sollte es nicht, wehren Sie sich nicht, lassen Sie es einfach laufen...«
»Es ist unlogisch. Lauter Teile, die nicht zusammenpassen. Ich kann doch nicht gleichzeitig einen Penis im Mund und zwischen den Beinen haben?!«
»Traumbilder kombinieren sich häufig aus unzusammenhängenden Einzelteilen und sehen dann unlogisch aus; die Details können trotzdem richtig sein.«

Jemand liegt auf mir drauf, das Mißverhältnis unserer Körper ist ungeheuer. Mein Kopf liegt unter seiner Brust, er ist schwer wie Blei, er quetscht mich zusammen wie einen Pfannkuchen, ich kriege keine Luft...

»Wo ist das, beschreiben Sie die Umgebung, die Person...«

Das Zimmer kann ich nicht erkennen, ich sehe ja nichts, aber ich spüre, daß ich auf einem Bett liege, mein Hintern brennt, als ob ich geschlagen worden wäre.

Jetzt verändert sich die Szenerie, ich drehe mich auf die Seite, mein Vater liegt vor mir, mir zugewandt.

»Was hat er an?«

»Das kann ich nicht erkennen, ich sehe nur sein Gesicht und den Oberkörper, der ist nackt. Alles andere verschwimmt, da ist ein blinder Fleck, wie eine Aussparung, ein Loch im Bild mit fließenden Kanten, wie falsch belichtet. Mehr ist nicht zu sehen.«

Ich richte mich auf und schaue den Therapeuten an.

»Das kann doch alles nicht stimmen. Wahrscheinlich habe ich zuviel ›Lolita‹ gelesen. Kennen Sie das? Ein faszinierendes Buch! Künstler kommen der Wahrheit manchmal näher als die Beteiligten!«

»Wieso?« unterbricht mich Herr Rennebaum. »Ist denn in ›Lolita‹ beschrieben, wie sich eine nackte Männerbrust in Ihre Hand schmiegt? Schreibt er darüber, was Sie fühlen, wenn Sie einen Penis im Mund und Haare auf den Lippen haben? Erzählt er, wie man sich mit verschmiertem Gesicht fühlt? Zeigt Nabokov den Zwiespalt auf, der zwischen Angst und Erregung entsteht?«

»Es war kein Zwiespalt da. Ich wollte das nicht.«

»Sie haben doch vorhin erzählt, daß Sie sich erregt fühlen?«

»Ja, schon, aber das bezog sich nicht auf die Situation, in der jemand auf mir drauflag!«

»Worauf denn dann? Die Erregung war da; daß Sie nicht damit einverstanden waren, schafft den Zwiespalt.«

Meine Handfläche brennt immer noch. Diese rauhe Brustwarze, schrumpelig, hart. Sie sticht in die Innenfläche der Hand, die Haare ringsum kitzeln.

»Was ist so schlimm daran?« will Rennebaum wissen.

»Es ist nicht schlimm. Ich ekle mich nur.«
Die Empfindung ist präsent, als wäre alles das Gegenwart. Plötzlich bin ich auch noch im Gesicht vollgeschmiert. Als ich mit den Fingern hinfasse, kleben die auch, schleimig, weißlich, der Samen wird durchsichtig und zieht lange Fäden. Ich fühle die glitschige Masse zwischen meinen Fingern. Ich schäme mich – trotz offener Augen und meines offensichtlich sauberen Gesichts; als ginge das nie wieder weg, und jeder, der mich anschaut, kann es sehen.
Beschmutzt und gezeichnet, ohne zu verstehen, warum.
Als ob mir jemand ins Gesicht gespuckt hätte.
Könnte es nicht eine Begebenheit von später sein, eins von den unzähligen Fickerlebnissen, die ich gehabt habe?
Nein, als Erwachsene wäre mir das nicht passiert, ich hätte mir nicht das Gesicht besudeln lassen.
Herr Rennebaum versucht, einen plausiblen Ablauf zu konstruieren. »Das ist schon möglich, gar nicht so unwahrscheinlich: Ihr Vater liegt sonntags morgens im Bett, Sie gehen zum Kuscheln hin, Ihre Mutter ist eventuell ganz froh, sich abseilen zu können, weil sie nicht mit ihm schlafen will, und verschwindet. Er ist ohnehin schon erregt, spielt noch ein bißchen mit seiner Tochter – wie weit absichtlich mit sexuellen Inhalten kann ja dahingestellt bleiben – und bekommt plötzlich einen Orgasmus. Schiene das nicht plausibel? Was sagen Sie in bezug auf Ihren Vater dazu?«
»In bezug auf ihn? Da wundere ich mich langsam über nichts mehr.«
»Wie ging es dann weiter?«
»Keine Ahnung. Vielleicht mit einer Ohrfeige.«
Das würde mir sehr einleuchten. Der unfähige Versuch lauter ungeeigneter Akteure, eine verpfuschte Aufführung doch noch zu retten.

Wie erleichtert ich war, als die Möglichkeit auftauchte, es könnte ohne Absicht passiert sein! Wie tief ich wieder atmen konnte bei der Aussicht, meinen Vater zu entlasten! Fast hätte mir die Situation ein Lächeln entlocken können, weil er so dämlich und ungeschickt war.

Zwar etwas zum Ekeln, aber nichts, um jemanden zu verurteilen.
Bloß, mittlerweile kommen mir schon wieder Bedenken. Wieso sollte er aus Versehen nackt sein? Wieso sollte er mich aus Versehen auf seinem Schoß haben, wenn er eine Erektion hatte? Wie um alles in der Welt könnte ein Kindergesicht so vollgeschmiert sein, mit Sperma verschmutzt, und dann auch noch aus Versehen?
Irgendwas stimmt da noch nicht.

Im Moment läuft alles bestens. Aktivitäten füllen die Tage. Briefe müssen geschrieben und Telefonate erledigt werden, auch mit Sven und Beate gibt es keine Schwierigkeiten. Vielleicht liegt das an den Entspannungsübungen? Jeden Montag und Freitag mache ich sie vor der Sitzung. Diesmal hat es mir besonders gutgetan; erst allmählich, gegen Ende der Woche, verblaßt der Tatendrang.
Herr Rennebaum packt mich wieder unter das Ding, genannt ›Mind Machine‹, und ich freue mich darauf, noch mal so einen Kick zu kriegen. Es kommt aber anders, ein neues Bild von dem alten Film, diesmal Papi vor der Schlafzimmertür.
Das ganze Ambiente stimmt in den Kleinigkeiten so exakt mit den Bildern der Vergangenheit überein, daß man die Präzision des Gedächtnisses nur bestaunen kann: Hinter meinem Vater schlägt gerade die ewig quietschende Flurtür mit dem ihr eigenen jammernden Quakton zu, vom Klirren der eingebauten Glasscheibe begleitet, und vor dem damals hochmodernen glänzend schwarzen Wandtelefon mit erhabener Wählscheibe und weiß schimmernden Zahlen ist mein Vater in seinem energischen Schritt erstarrt. Sein Gesicht ist hochrot, der Kopf erhoben, als hätte er einen wichtigen Termin vor sich und wäre mit seinen Gedanken schon den nächsten Schritten vorausgeeilt, durch die noch verschlossene Tür hindurch, ins Schlafzimmer. Der eine Arm streckt sich dem Türgriff entgegen, unter dem anderen hält er ein bleiches Paket, das sich erst nach längerem Hinsehen als nacktes Mädchen entpuppt.
Mein Atem stockt einen Moment, der Herzschlag ebenfalls, und mit dem wieder einsetzenden, arhythmischen Hämmern in meiner Brust erkenne ich mich selber.
›Nur nicht beeinflussen lassen!‹ denke ich im Tonfall des Therapeuten, ›nicht beeindrucken lassen!... Distanz bewahren!‹, und hinter meinen geschlossenen Augenlidern suche ich ruhigere Bahnen, doch viel Erfolg hat diese Aktion nicht.

Mein fixierter Vater bleibt vor der geschlossenen Schlafzimmertür stehen, in einer einzigen Bewegung des wahrscheinlich hektischen Ablaufs verewigt, und mein Gehirn wendet sich verständlicheren Horrorbildern zu. Eine erschlagene Katze taucht auf, die ich als Kind unprogrammgemäß zu Gesicht bekommen habe, sonst wurden derartige Dinge – Schweine schlachten, Hühner abstechen, Fische erschlagen –, obwohl sie in unserem Wohnhaus stattfanden, ohne Ausnahme vor den Jugendlichen versteckt. Man hörte höchstens mal ein aufgeregtes Flattern oder ein angstvolles Schnaufen. Dies arme Tier mußte einem Sadisten in die Hände geraten sein, es hatte eine riesige Platzwunde am schwarzweiß gezeichneten Kopf, mehrere Stichwunden am Körper, glasige Augen und einen aufgerissenen Rachen voll geronnenen Blutes. So lag es auf dem Misthaufen des nächstgelegenen Bauernhofes, das Fell blutverschmiert. Diese ferne, uralte Katze zieht jüngere, konkreter erinnerte nach sich, aber sobald sie näher kommen und ich ihre kleinen, zartgliedrigen Körper und das Muster des Fells genauer erkennen kann, verwandeln sie sich aus den flauschigen, lustigen oder aggressiv bösen Fellknäueln, die ich gewohnt bin, in malträtierte Geschöpfe, von einem Spieß durchbohrt wie ein Brathähnchen, alle vier Beine weit von sich gestreckt, mit aufgerissenen Augen, aus denen nur das blanke Entsetzen spricht.
Tiere sind dem Entsetzen viel weitgehender ausgeliefert als Menschen, weil ihnen die Möglichkeit fehlt, eine Situation mit dem Verstand zu relativieren. Nie habe ich soviel Panik in Menschenaugen gesehen wie in den rollenden Augäpfeln eines Pferdes, Dragoner hieß es, das mit einer Verletzung auf einen Transportanhänger gebracht worden war. Zitternd stand es dort, klatschnaß vor Aufregung und Schmerzen, scharrte, schlug und versuchte unter Aufbietung aller Kräfte, sich loszureißen. Dieses Pferd hörte den ruhigen Zuspruch seines Pflegers nicht mehr, es nahm keinen Zucker, es war völlig in seine Angst eingesperrt.
Uferlose Angst und keine konkrete Gefahr in Sicht.
Meine Bilder verändern sich weiter, ein Junge taucht auf, er ist nackt, er soll geschlagen werden, er hat Angst... oder nicht? Er sollte Angst haben... Ich will, daß er Angst hat, er soll vor

Angst zittern... Die Vorstellung erregt mich, ich werde unruhig und wütend, es ist mir peinlich... und der nackte Scheißkerl hat immer noch keine Angst! Warte nur, dich krieg' ich schon! Ich bin aggressiv, berechnend, wütend... Er hat keine Chance...
Meine Phantasien machen mich geil, ich bin ganz durcheinander, das ist mir unangenehm, ich will das nicht, diese Wendung meiner Gedanken war nicht vorgesehen.
Ich kämpfe einen Dreifrontenkrieg und bin bei Ende der Übung völlig erschlagen. Ich weiß nicht, wie ich mich benehmen soll. Als der Therapeut mich anschaut, verschwinde ich erst mal auf die Toilette, kühle mir das Gesicht und versuche, wieder auf Normalbetrieb herunterzuschalten.
Der dämliche Rennebaum! Der macht so was mit Absicht!
Wie er mir später erzählte, hatte er diesmal ein Programm gewählt, das die Produktion von Bildern und Erinnerungen fördert.
Wie kommt er dazu, mich so zu überrumpeln, ohne mich vorher zu fragen!
»Entspannen Sie sich«, hat er mir gesagt, »entspannen Sie sich, Sie können alles anschauen, es berührt Sie nicht!«, und ich bin darauf hereingefallen!
Er verteidigt sich nachdrücklich: »Es ist doch nicht so, Frau Karedig, daß ich auf einen Knopf drücke und Sie dann phantasieren. Was Sie nicht sehen wollen, kann nicht hochkommen. Wenn ein Bild erscheint, ist es auch an der Zeit, sich damit auseinanderzusetzen, obwohl Sie natürlich alles abblocken können!«
Ich fühle mich bloßgestellt. Schon sein Blick ist mir peinlich. Aber zu diesem Problem bekomme ich nur wenig praktikable Ratschläge. Was könnte er mir auch sagen, wenn ich ihm nicht erzähle, was ich empfunden habe.
»Wie fühlen Sie sich?« fragt er jetzt.
»Mir ist kalt, ich bin ganz eingefroren...«, antworte ich unbestimmt.
»Haben Sie sich denn so verspannt? War das nicht angenehm?«
»Nein, nicht sehr.«

Er lacht. »Allen Leuten geht es prima mit diesen Entspannungsübungen«, sagt er. »Alle fühlen sich warm und zufrieden. Nur Sie frieren. Warum bloß, warum?«
Das kann ich allerdings nicht erzählen, ich bin immer noch stumm vor lauter Entsetzen.

Was winkt als Belohnung dieser ganzen Mühen? Ein Scherbenhaufen, in dem ich, ganz anders als jetzt, jede Ecke und jedes Trümmerstück genauestens erkennen kann; und die Einsicht, daß dieser Haufen bunten Abfalls das darstellt, was von meiner Kindheit und Jugend übriggeblieben ist.
Aber auch ein Abbruch der Therapie kommt nicht in Frage. Zu deutlich merke ich, daß ich noch immer mit diesem Schrott verbunden bin. Wie eine Qualle habe ich Tausende von kaum sichtbaren Fäden um die so verführerisch schillernden Brocken geschlungen und lasse sie nicht los, obwohl mich diese Bindung am Schwimmen hindert. Jeder einzelne Strang muß gelöst werden, freiwillig, aus eigener Kraft, sonst zähle ich sehenden Auges dem Verhängnis der vergangenen Jahre die zukünftigen hinzu.
Wenn ich die Kontrolle bei den Entspannungsübungen so gründlich verliere, ist das kaum zu bewältigen. Manchmal geht es mir auch im Zusammenhang mit Sven so, aber da ist alles etwas einfacher. Er faßt mich an, beruhigt mich, hält mich fest.
Hier in der Therapie ist das anders. Wir reden über Geschlechtsverkehr, als wäre es ein Allerweltsthema ohne besondere Bedeutung, aber die körperliche Seite bleibt ausgespart, kein Streicheln, kein Anfassen, kaum je eine Berührung, nur der Händedruck vor dem Gespräch.
Wie soll man da wissen, wo die Grenze verläuft, die man nicht überschreiten darf?
Wie soll man wissen, was man tun kann und was nicht?
Ab welchem Punkt trete ich dem Therapeuten zu nahe?
Wann gebe ich zuviel von mir preis?
Wie soll ich mich verhalten, wenn seine Meinung und meine Gefühle so weit auseinanderklaffen?
Seine Äußerungen dazu sind kurz und bündig: »Immer den

Verstand einschalten! Versuchen Sie, mit Distanz an die Sache heranzugehen, und am besten ohne Wertung.«
Ich bin immer noch stinksauer auf ihn. So sehr, daß ich Sven von der ganzen Geschichte erzähle und ihn frage, wie er sich fühlen würde, wenn er mit Erektion einer Therapeutin gegenübersitzen würde. Er meinte, er könne diese spezielle Situation natürlich nur sehr schlecht nachempfinden, aber wahrscheinlich wäre es toll.
Also liege doch ich falsch. Andere haben scheinbar weniger Probleme damit. Vielleicht sollte ich mal eine Frau fragen, könnte es nicht sein, daß es geschlechtsspezifische Unterschiede gibt?
Dies Durcheinander ist sehr verwirrend. Wenn sich die Maßstäbe ändern, nach welchen Kriterien soll man dann messen? Das Gefühl, mich schämen und verstecken zu müssen, wenn ich sexuell reagiere, scheint ja wirklich eine Folge meiner Probleme zu sein, nicht angemessen, nicht realitätsbezogen. Aber wenn ich es über Bord schmeiße, wie stehe ich dann da? Zu Hause? In der Therapie?
Schleiertanz vor Rennebaum?
Mein Entsetzen ist nur erklärbar, wenn ich bisher einer Illusion aufgesessen bin. Habe ich wirklich gemeint, er würde glauben, daß ich noch nie mit einem Mann geschlafen habe? Offenbar ist es mir gelungen, völlig zu vergessen, daß ich mit ihm ja schon häufig darüber gesprochen habe. Ich tue ständig wieder so, als wäre ihm und mir unbekannt, daß ich erwachsen und sexuell aktiv bin. Als könnte er aufstehen, mich anschauen und sagen: ›Das hätte ich nicht von dir gedacht. Du bist ja der letzte Dreck!‹
Da wollte ich lieber die Madonna spielen, rein, unschuldig und kitschig. Diese wunderschöne, alle Probleme ausschließende Vorstellung muß ich natürlich sausenlassen, wenn ich auf seiner Therapeutencouch liege und immer geiler werde. Ich kann ganz überraschend nicht mehr so tun als ob. Die Fiktion, die ich mir von mir selber erhalten habe und die ich auch dem Therapeuten vermitteln wollte, ist da mit lautem Getöse und überhaupt nicht diskret zusammengebrochen.
Ich bin immer noch wütend auf ihn. Voller Zorn. Wenn ich mir

vorstelle, wie er mich das nächste Mal fragt: ›Wie geht es Ihnen?‹ und ich ›Prächtig!‹ antworte, klingt das wie ein Pistolenschuß. ›Prächtig, Herr Rennebaum!‹
Hoffentlich treffe ich.

Ihm gegenüber kann ich dann kaum reden. Obwohl ich genau weiß, was zu besprechen wäre, kriege ich den Mund nicht auf. Ich will nicht zugeben, daß er recht gehabt hat. Den Triumph gönne ich ihm nicht.
Am einfachsten ist der Einstieg mit einem Vorwurf zu bewerkstelligen: »Sie haben mich reingelegt, Herr Rennebaum!«
Er ist irritiert: »Wie könnte ich das! Sagen Sie mir doch bitte, was ich für Möglichkeiten hätte, um Sie reinzulegen.«
Mir fallen jede Menge Möglichkeiten ein.
Er könnte versuchen, mich anzumachen, und sich dann darüber kaputtlachen, daß ich auf seine Aktion so abfahre.
Er könnte mich fragen, wie ich mich fühle, und es in Wirklichkeit ganz egal finden.
Er könnte jede meiner Äußerungen lächerlich oder komisch finden.
Er könnte plötzlich aufstehen und mich rausschmeißen, weil ich ihn beleidigt habe mit dem, was ich denke oder sage oder fühle, besonders, wenn er merken sollte, daß mich unsere Gespräche manchmal erregen.
Er könnte sauer sein, weil ich immer noch nicht gesund bin.
Tausend Ansatzpunkte für eine Verstimmung über mich.
Oder er könnte das machen, was eben in den letzten Stunden lief: Entspannung, Erinnerung, Phantasien; ich dort auf der Couch, ganz high, glühend vor Verlangen...
Er faßt zusammen: »Sie haben ständig das Gefühl, Angst haben zu müssen. Schildern Sie die Angst doch mal!«
Angst zu schreien,
mich zu bewegen,
mich herzuzeigen,
mich anzufassen,
ihn anzufassen,
Angst, etwas falsch zu machen, so daß er denken könnte: der letzte Dreck! Die ist ja der letzte Dreck!

Er läßt sich von meinem Schluchzen nicht beeindrucken: »Ihre Angst ist unbegründet. Sie sollten sie ablegen.«

»Aber das ist alles so peinlich, peinlich, peinlich ...«

»Ja, ich weiß«, antwortet er. »Ihnen ist alles peinlich. Jede Regung Ihres Körpers, jede Kleinigkeit. Aber das muß doch irgendwann mal aufhören! Wollen Sie sich denn Ihr Leben lang dafür entschuldigen, daß Sie überhaupt da sind?«

Trotz der Therapie läuft unser normales Familienleben weiter. Der Haushalt muß gemacht werden, und ab und zu arbeite ich auch außer Haus, als Kundenberater für die Firma meiner Familie, und schreibe später, in einer ruhigen Stunde, Berichte über die Besuche. Es fällt mir sehr schwer, zu arbeiten und dann auch noch lieb und freundlich und offen für meine Tochter zu sein.
Heute backen wir Weihnachtsplätzchen. Beate brabbelt in der Küche vor sich hin und manscht mit kleinen Fingern den Teig zusammen. Wenn sie nicht weiter weiß, schreit sie schrill aus voller Kehle »Maaami« durchs Haus, »kooomm«, und ich renne. Die Zeit wird knapp. Es ist Martinstag, wir müssen zum Umzug.
»Willst du da wirklich mitgehen?« fragt Sven ungläubig. »Bei diesem Haufen? Nicht mal singen können sie, und ihre Brezeln sind so fade wie die Texte.«
Am Abend gehen wir trotzdem mit Nachbarn, Bekannten und Freunden im Martinszug mit. Der Pfarrer und die Kindergartenleitung haben ihn organisiert. Die Kinder singen so laut sie können, »...rote, gelbe, grüne, blaue, lieber Martin, komm und schaue«. Ihre piepsigen Stimmen verwehen, und auch der Pfarrer mit Mikrofon kann den dünnen Chor nicht wirkungsvoll unterstützen. Tapfer singt er seine Verse und merkt nicht, daß die Kinder schon beim nächsten Lied sind. Die Nacht ist bitterkalt, mit funkelnden Sternen am samtigen Himmel. Bei jedem Luftzug verlöschen die Kerzen in den Laternen, und wir müssen die Handschuhe ausziehen, um sie wieder anzuzünden.
Am Ende landen Sven, Beate und ich vor dem flackernden Kaminfeuer bei Winfried und Mara, einem befreundeten Ehepaar. Wir unterhalten uns mit den Kindern auf dem Schoß, Winfried hält seinen Marco, ich unsere Beate. Sie ist sehr müde, dehnt und streckt sich und lehnt sich dann zurück, bis ihr

Hinterkopf meine Brust berührt. Ihre Augen fallen schon zu, aber sie will nicht schlafen, was wir reden, ist viel zu interessant.

Plötzlich fällt ihr etwas ein, und sie dreht sich entschlossen um, ein fürchterliches Durcheinander auf meinem Schoß, mal stößt sie mir ein Knie, mal einen Ellbogen oder den Fuß in den Magen, bis sie ihre neue Lage gefunden hat und sich zusammenkrümmen kann, die Arme auf dem Tisch abgestützt, ein kleines, krabbelndes Buckeltier. Sie zerrt ihre Bluse aus der Hose, macht den Rücken so rund wie möglich, »Mami, kraulst du mich?« und wartet. Ich schiebe die Hand auf ihre verschwitzte Haut, bis ich die Dornfortsätze des Rückgrats spüre, und kraule sie, auf und ab, auf und ab, dann wieder quer, ganz vorsichtig mit den Fingernägeln. Sie rührt sich nicht mehr, wird still und schwer, sie schnurrt mit geschlossenen Augen wie ein Kätzchen.

Winfried beobachtet uns fasziniert. »Weißt du eigentlich, wie das kommt?« fragt er mich, ganz Arzt und Wissenschaftler, und gibt gleich selbst die Antwort: »Da werden Endorphine ausgeschüttet, körpereigene Opiate... das wirkt wie Hypnose. Selbst ein hyperaktives Kind wie unseren Marco kann man ruhigstellen, wenn man es am Rücken krault.«

Winfried sitzt mir genau gegenüber, seine Hände fahren mechanisch dem Jungen über die Schulter, ich schaue ihn an, stelle mir die Endorphine vor, beobachte das gelöste Gesicht von Beate, schaue Winfried wieder an... Endorphine... der Tisch zwischen uns wird breiter und breiter, Winfrieds Stimme verliert ihre Höhen und Tiefen, verschwimmt in einem undeutlichen Gemurmel, er selber verblaßt in Nebel und Schatten... statt dessen taucht mein Vater auf. Er sitzt im Schlafzimmer, die Beine ein wenig auseinander, die Füße fest auf dem gestreiften Vorleger – wie eingemauert–, und auf den Knien hat er ein Kind, ein nacktes Mädchen.

Mich.

Ich will nicht fühlen, wie er mich streichelt... ob da auch Endorphine ausgeschüttet worden sind? Ich will nicht fühlen, ich will einfach nicht... Ich beiße auf die Handballen, um nichts zu empfinden... trotz Endorphinen... Da wird Winfrieds

Stimme wieder deutlich, er holt mich in die Realität zurück: »Na, hab' ich dich erwischt, he? Du warst ja total weggetreten...« Er lacht sich kaputt über meinen Blackout und amüsiert sich, bis das Feuer im Kamin am Verlöschen ist und wir uns verabschieden.

Über solche Brüche in der Realität, die ich dem Therapeuten gegenüber ohne Probleme erwähnen kann, ist ein Gespräch mit Sven kaum möglich. Erzähle ich etwas davon, reagiert er manchmal ohne Verständnis und manchmal sehr neugierig. Besonders die Frage, warum etwas nun gerade *so* abgelaufen ist, beschäftigt ihn dann. Meine Erklärungen sind zu vage oder reichen aus anderen Gründen nicht, jedenfalls ist er mit ihnen nicht zufrieden. Ich fühle mich unbehaglich und weiß nach kurzer Zeit nicht mehr, was ich noch sagen soll. Ich frage sogar Herrn Rennebaum, warum die Verständigung zwischen Sven und mir in dieser Hinsicht so wenig erfolgreich ist.
»Aber Frau Karedig«, antwortet er, »Ihr Mann ist doch kein Therapeut, er ist doch Beteiligter! Solche Gespräche bringen nichts, sie verwirren nur. Es ist nichts dagegen einzuwenden, wenn Sie sich mitteilen wollen. Sie dürfen nur nicht erwarten, daß Ihr Mann wie ein Psychologe auf Sie eingeht. Er hat eine ganz andere Beziehung zu Ihnen, eigene Erwartungen, eigene Wünsche! Das kann nicht gehen!«

Um überhaupt einmal mit jemandem über die ganze Sache zu reden, besuche ich bei nächster Gelegenheit Tante Ella. Sie ist sehr herzlich, lädt mich zum Essen ein und hört sich geduldig an, was ich zu sagen habe. Es ist sowieso nicht viel.
Keine Details.
Ich erwähne nur, daß es zwischen Sven und mir nicht so richtig hinhaut, daß wir überlegen, ob wir uns trennen, und daß ich eine Therapie mache.
Die üblichen Reaktionen darauf kenne ich schon.
Rolf: Laß doch die alten Kamellen ruhen.
Peter: Warum willst du soviel Energie in die Vergangenheit investieren, kümmere dich lieber um die Zukunft.

Mara: Ach, du liebe Zeit, für das Geld würde ich einen Urlaub machen.
Am besten war Ulrikes Kommentar: Das fehlte mir gerade noch, jemand, der mir neben dem ganzen täglichen Kram auch noch erklärt, was früher alles schiefgelaufen ist. Danke, nichts für mich...
Nein, ich hatte mich nicht in Tante Ella getäuscht, von ihr kommen keine derartigen Bemerkungen.
»Um ein Leben ohne Beeinträchtigungen zu führen, sollte dir kein Aufwand zu groß sein«, sagt sie. »Die wenigsten Leute wissen, wie wichtig alte Kamellen sein können, wie schwer es ist, manche Sachen zu überwinden.«
Dann lehnt sie sich in ihren Sessel zurück, bläst den Rauch der filterlosen Zigarette mit erhobenem Kopf an die Decke und erzählt ihre eigene unglaubliche Geschichte: »Weißt du, als ich neun war, hat meine Schwester geheiratet. Bereits drei Wochen später hat ihr Mann das erstemal versucht, mich zu vergewaltigen. Er traf mich allein in einer abgelegenen Ecke unseres Hauses. Die anderen besuchten den Gottesdienst, und mein gelähmter Bruder saß in der Wohnküche. Ich wußte einfach nicht, daß ich mich in acht nehmen mußte. Ich hatte keine Übung im Verstecken. Mein Schwager schlich sich von hinten an, faßte mich dann plötzlich um die Hüften und hielt mich fest. Zuerst glaubte ich, es wäre ein Spiel, er hätte mich fast überrumpelt... Ich konnte ihm gerade noch entwischen, um Haaresbreite. Ab da war ich ständig auf der Hut, die ganze Zeit, wenn ich allein war. Er schaffte es trotzdem immer wieder, mich zu überraschen, für ihn war es ein Sport... er faßte mir zwischen die Beine, versuchte mich zu küssen, zu streicheln, meinen Rock hochzuheben..., oder er drohte mir.«
Das Lächeln auf Ellas Gesicht wird sarkastisch, sie schiebt ein kurzes Lachen hinterher: »Du weißt ja nicht, wie das ist, wenn dich jemand anschaut und sagt: Heute nicht, Kleines, heute noch nicht, aber morgen! Dies unverschämte Grinsen in seinem Gesicht, die schmierige Freundlichkeit! Er hatte es nicht nötig, sich zu verstecken, was ist denn dabei, wenn ein Erwachsener ein Kind anlächelt? Nur ich spürte die Brutalität hinter der Fassade. Der Druck war ungeheuer. Jahrelang.«

»Haben dir denn deine Eltern nicht geholfen?« frage ich. Ella schüttelt mit ihrem unverändert stereotypen Lächeln den Kopf: »Mein Gott, die Zeiten waren anders... das Geschäft, mein behinderter Bruder... Meine Eltern waren beschäftigt. Die Kinder liefen so mit... Was war denn auch passiert? Was hätte ich anklagen sollen? Sein Lachen? Seine Freundlichkeit? Nein, das ging nicht, ich hatte nichts in der Hand.«
»Und deine Schwester?« frage ich weiter.
Ella schaut mich kurz an, tippt die Zigarettenasche in das kleine Döschen auf dem Tisch und faßt alle guten und schlechten Gründe für ihr Schweigen mit einer fahrigen Geste zusammen:
»Meine Schwester? Der wollte ich nichts sagen... Sie liebte ihn doch! Hätte ich ihr Glück und ihre Zukunft zerstören sollen?«
Ella macht eine Pause, die mit Kringeln und weißem Rauch ausgefüllt ist. Dann unterstreicht sie den Ausdruck ihrer Augen mit einem weiteren: »Hm?«
Es dauert lange, bis sie weiterspricht.
»Als ich achtzehn war, habe ich ihn ausgelacht; damit war der Bann gebrochen. Ich sagte ihm, er solle sich endlich verziehen. Trotzdem habe ich meine Schwester nicht besucht, nachdem sie weggezogen war. Jahrzehntelang. Ich konnte es nicht vergessen. Es war so unfair, ich war doch nur ein Kind... und ganz allein.«
Die Hand mit der Zigarette bebt leicht, Ella klaubt sich vorsichtig einen Tabakkrümel von den Lippen. Das Licht bricht sich an den Kanten ihrer Kette und wirft Schatten auf das Kleid. Sie zittern wie Ellas Stimme.

Zu Ella habe ich immer ›Tante‹ gesagt, dabei sind wir nicht verwandt. Sie gehörte zum selbstverständlichen Umfeld meiner Kleinkinderzeit, sie lebte im Obergeschoß unseres Hauses in zwei kleinen Zimmern. Als ich ungefähr fünf Jahre alt war, zog sie in die Gegend von Köln. Erst während meines Studiums sahen wir uns wieder öfter, und eine lose Bindung hat sich bis heute erhalten. Habe ich in ihrer Gegend zu tun, schiebe ich gern einen Besuch ein. Jetzt bin ich auf dem Weg zur Messe in

Frankfurt. Unsere Firma stellt dort aus, ich werde einige Tage mitarbeiten.
Meine Kofferpackerei hat zu Hause ungewohnte Hektik verbreitet, auch für Beate mußte alles vorbereitet werden, sie wird während dieser Zeit bei der Oma schlafen.
Als ich bei Tante Ella klingelte, öffnete sie die Tür, streckte mir beide Hände zum Gruß entgegen, umarmte mich und zog mich dann in den Flur, weil hinter uns, auf der vielbefahrenen Ausfallstraße, die Autos einen Lärm verursachten, in dem man sein eigenes Wort nicht verstehen konnte. Sie hatte für uns gekocht, deckte einen winzigen runden Tisch, zündete die Kerze an und servierte das Essen auf altem Meißen.
Sie strahlt eine Ausgeglichenheit aus, um die ich sie beneide. Man sieht ihr nicht an, daß sie schon weit über siebzig ist, und im Gespräch erweist sie sich als witzig und intelligent.
Jetzt atmet sie tief durch und schaut mir in die Augen. Ich habe die Flamme der Kerze beobachtet, und als ich aufblicke, nehme ich die Veränderung ihres Gesichtes als etwas ganz Grundsätzliches wahr. Ihre Perlmuttfingernägel schimmern neben dem hellen Streifen der Zigarette, und als sie weiterspricht, hat ihre Stimme das schwebende Timbre verloren. Sie klingt fest und klar. »Vor kurzem habe ich ihn besucht, um ihm zu sagen, daß ich ihm verziehen habe. Es ist so lange her.«
Sie schaut mich an, als sähe sie im Zeitraffer all diese Jahre an sich vorbeiziehen, rückwärts, stelle ich mir vor, von heute in die Vergangenheit, von ihrem jetzigen Witwenstand über die Zeit ihrer Ehe bis zurück in die Kindheit, ins Haus ihrer Eltern. Als sie weiterspricht, bezieht sie sich tatsächlich auf damals:
»Er hat ja auch sehr viel Gutes getan. Er hat meinem Bruder das Lesen beigebracht, eine ganze Welt hat er ihm eröffnet, sonst hatte niemand Zeit dazu... Es war einfach richtiger, noch mal mit ihm zu sprechen. Ich trage ihm nichts mehr nach, und ich fand, er sollte das wissen.«
Sie drückt die Zigarette aus. Ein letzter Rauchkringel schwebt zwischen uns, bis ich mich verabschiede.
Wie hat sie das bloß gemacht, frage ich mich. Diese Veränderung, diesen Schritt von der Hilflosigkeit, der Rachsucht, der Wut, der Verletzung... zum Verzeihen. Man sieht ihr an, daß

sie mit der Vergangenheit abgeschlossen hat. Das alles ist nicht nur lange her, wie sie meint, die Länge der Zeitspanne zwischen damals und heute ist nicht der springende Punkt. Ella hat einen Schlußstrich gezogen, von sich aus, weil es ihr angemessen erschien; ohne äußeren Zwang, nur aus eigener Notwendigkeit. Sie hat sich freigemacht, das zeigt nicht nur der Bericht von ihrem Gespräch mit dem Schwager, sondern auch und ganz speziell die Art, wie sie mir davon erzählt hat.
Diesen Abstand habe ich nicht. Nein, ich könnte nicht in eindeutigen Worten schildern, was sich zwischen meinem Vater und mir abgespielt hat. Das könnte ich nicht, so nach Tisch, bei Kaffee und Kuchen.

Wenn ich an meinen Vater denke, tut mir mein Hintern weh; wenn ich ihn vor mir sehe, erscheinen seine abwesenden Augen, und ich weiß, daß er mich schlagen wird, bis ich mir nur noch den Tod wünsche, bis ich als Person völlig ausgelöscht bin. Ich muß die Zeche zahlen für Augenblicke, in denen er sich nicht mehr kontrollieren konnte, und den Haß, den er bei mir abgeladen hat, den habe ich nun und werde ihn nicht los.
Und was ist mit den anderen vagen Erinnerungen?
Seine nackte Brust, sein mächtiger Bauch nah vor meinem Gesicht, was tun die da? Dann Szenen, in denen ich auf dem Rükken liege, einen Mann schwer über mir, ein Schlag auf den Bauch, Widerwillen, Panik... Das läßt sich nicht einordnen, hat es vielleicht auch mit ihm zu tun?
Wie soll ich etwas verzeihen, was ich nicht genau sehe? Und selbst wenn das ginge, wie soll ich das machen?
Den schachspielenden alten Mann, meinen Vater, der mir jeden Wunsch von den Augen abgelesen hat, gegen dies unberechenbare Monster stellen, das er doch auch war? Seine Liebe gegen die Brutalität, seine längst ausradierte Zärtlichkeit gegen die Mißhandlungen? Es kommt mir so vor, als wäre es die übelste Ecke gewesen, in der man aufwachsen kann, es kommt mir so vor, als hätte er mir für alle Zeiten das Rückgrat gebrochen.
Wie soll ich die Auseinandersetzung beginnen, wenn es ganz unmöglich scheint, mit ihm zu reden?

Der Therapeut fordert mich hin und wieder auf, das zu probieren.
»Was würden Sie zu ihm sagen, wenn er jetzt hier wäre?« fragt er dann, und ich kriege kein Wort heraus. Alleine kann ich ohne weiteres ›Du Schwein!‹ sagen. »Warum denn so leise?« wirft Herr Rennebaum ein. »Trauen Sie sich doch endlich mal, Sie haben jedes Recht dazu!« Aber wenn ich mir vorstelle, ich sollte es zu meinem Vater sagen, kann ich nur noch schweigen.
Er sitzt oder steht, er schaut mich an, abwesend wie meistens, ein bißchen traurig, und winkt mir.
Wie eine Marionette folge ich. Willenlos, den Kopf zwischen die Schultern eingeklemmt, unfähig, einen Gedanken zu fassen.
Die Grenzen meiner Persönlichkeit lösen sich auf, ich existiere nicht mehr, und diesen riesigen, leeren Raum, in den sich verwandelt hat, was ich als meine Seele bezeichnen würde, diese unendliche Öde füllt er aus. Er braucht nichts zu sagen, er braucht nicht mal die Hand zu heben, ohne jeden sichtbaren Zwang folge ich ihm.
Wie könnte ich in diesem Zustand meine Energien bündeln, mich zusammenreißen und nein sagen? Alle Voraussetzungen dazu fehlen. Es ist so unangemessen.
Wie könnte ich dem Auflösungsprozeß in meinem Innern Worte entgegensetzen?
Was hat mein Vater überhaupt damit zu tun?
»Natürlich konnten Sie nichts dagegen tun«, sagt der Therapeut. »Gerade das zeichnet solche Abhängigkeiten aus. Sie taten, was *er* wollte. Freiwillig leibeigen, sozusagen. Damals, als Kind, hatten Sie keine Wahl; aber es wird Zeit, daß Sie Ihrem Vater die Gefolgschaft aufkündigen.«
Es wird Zeit, daß ich den Punkt finde, den Tante Ella mit achtzehn erreicht hatte, als sie ihren Schwager auslachte.

Erst als ich spät am Abend im Auto sitze und Frankfurt ansteuere, wird mir bewußt, wie sehr ich mich auf die Abwechslung mit der Messe freue. Selbst die Bedenken bezüglich meiner fachlichen Kompetenz halten sich in Grenzen. In meinem Job bin ich ganz gut, verbindlich, problemorientiert.

Der Eröffnungstag ist ein Schock. Das zupackend-tüchtige Lächeln der Massen um mich herum geht mir auf die Nerven, macht mich ungeduldig und aggressiv. Es ist die Welt meines Vaters, die ich hier erlebe, nie vorher ist mir das so klargeworden.
Als er noch dabei war, ging es vielleicht etwas gemütlicher zu, aber auch damals mußte man zielstrebig arbeiten, wenn man sich in einem Markt behaupten wollte. Heute sehe ich mit Verwunderung die Anspannung, das Gerenne und Gejage und die Oberflächlichkeit der Gespräche.
Alle diese Leute sind besetzt. Geschäftsabschlüsse, Anfragen, Offerten und Bilanzen sind ihnen zum Lebensinhalt geworden. Dies ist sicher nicht meine Welt.
Kalt und abweisend isoliert sie den einzelnen, ich merke es am Umgangston, an dem Inhalt der Unterhaltungen, an der Gestik und Mimik. Auch wenn die anderen das scheinbar leichter verkraften: Was hier läuft, hat auf jeden Auswirkungen, bei mir sind sie allerdings stärker. Ich fühle mich umgeben von menschlichen Rudimenten, die nur noch als Funktionsträger existieren.
Nachdem ich das festgestellt habe, entwickele ich meine eigene Methode, um klarzukommen. Ich erzähle Vertreterwitzchen mit dem Ziel, meine Gesprächspartner zu beschäftigen und wieder loszuwerden. Sie sollen keine Zeit haben, mich genauer anzuschauen und zu entdecken, daß sie mir unheimlich sind. Was für ein Kraftakt! Nach kurzer Zeit kaum noch zu schaffen.
Meine Gedanken und Gefühle machen sich selbständig, wenn ich nicht aufpasse. Ein wesentlicher Teil meiner Persönlichkeit scheint sich dieser Umgebung zu entziehen, vagabundiert herum, wird unabhängig und produziert eigene Bilder und Ideen. Es kostet viel Energie, dabei konzentriert zu wirken und sachbezogen zu arbeiten.

Unsere Standbesatzung feiert heute abend die glückliche Ankunft und den gelungenen Standaufbau. Wir machen tüchtig einen drauf und fahren erst spät nachts ins Hotel zurück. Ich laufe lieber, die frische Luft tut gut.

Selbst diese Weltstadt ist nach Mitternacht wie ausgestorben. Allerdings ist das Wetter für die meisten Leute auch nicht gerade einladend: kühl, feucht, leichter Wind. Die breite Freifläche der Fußgängerzone liegt menschenleer. Dunkle Schaufenster, mit Sicherheitsgittern abgesperrte Passagen. In den Pfützen zittern die wenigen Lichter rot und gelb. Irisierende, verheißungsvolle Reste eines lebendigeren Daseins.
Beim Gehen bemerke ich einen Mann, der mir folgt. Wie lose Blätter treiben wir durch die gepflasterte Öde, einer hinter dem anderen, vom gleichen Luftzug getrieben, er einige Schritte hinter mir.
Es ist lange her, daß ich so etwas erlebt habe: einen unverbindlichen Flirt, ein Gespräch mit einem Unbekannten. Früher war ich Routinier auf diesem Gebiet, ob das heute auch noch eine Möglichkeit wäre? Ob es wenigstens die Einsamkeit dieses Abends vertreiben würde? Bei einem schwach erleuchteten Kaufhausfenster bleibe ich stehen, mustere ihn kurz im Spiegelbild der Scheibe und biege dann in eine dunklere Seitengasse ein. Dort spricht er mich an: »Hallo!«
»Ja?«
»Ich heiße Paul, und du?«
»Anne.«
»Na, gehen wir noch ein bißchen zusammen?«
Belanglose Worte ohne Sinn, nur der Zweck ist klar: Er sucht eine Begleitung für den Rest der Nacht, einen Arm, der ihn festhalten, einen Körper, der sich an seinen schmiegen könnte. Es ist ihm egal, wer es ist, die Frage nach dem Namen war nur Formsache.
Er macht einen gediegenen Eindruck, groß, nicht mehr jung, so um die sechzig, Jacketkronen, elegant gekleidet.
Sicher auch von der Messe.
Meinen Blick, mein Zaudern muß er falsch verstanden haben, denn er rückt näher, legt mir versuchsweise einen Arm um die Schulter und zieht mich an sich. Eine Neonröhre flackert über uns und verzerrt seine Gesichtszüge, zerhackt sie in unzusammenhängende Einzelbilder. Er geht ran wie Blücher. Bevor ich mich umschaue, grapscht er an meinem Hintern rum, fummelt unter dem Mantel auf der Suche nach einer Brust und hat sie

auch schon. Gekonnt streicht er darüber hin, ich stehe in Flammen. Mit der heißen Welle, mit dem verheißungsvollen Schauer, der mich durchläuft, spüre ich die aufsteigende Abneigung.
Nein.
Es ist eine gleichgültige, gedankliche Absage: Das will ich nicht.
Meine Reaktion richtet sich nicht gegen ihn, diesen alten Knakker vor mir, ich bin ihm nicht böse und nicht gut, das hat mit ihm nichts zu tun. Es hat auch mit Sven nichts zu tun, es ist eine Absage an das Leben und die Überraschungen, die ein Körper, der eigene oder ein fremder, bieten kann.
»Nein, Paul, heute nicht.«
Er hat mein Zögern gespürt. Die Phase der Entscheidung, so kurz sie war, dauerte zu lang, um eindeutig zu sein.
»Wir wären doch ein schönes Paar«, insistiert er. »Deine Titten sind toll!«
Aber jetzt ist die Überraschung vorbei, ich antworte klar: »Nein, tut mir leid.«
Da läßt er mich ohne weiteren Versuch einer Annäherung ziehen.
Zielstrebig, ohne den Pfützen auszuweichen, gehe ich zum Hotel weiter. Unter meinen Schuhen zerfließen die glatten Oberflächen der Wasserlachen zu gestaltlosen Strukturen. Bevor ich das Hotel betrete, schaue ich zurück.
Paul steht immer noch unter der flackernden Neonröhre, nur noch als Schatten einer fernen Versuchung erkennbar.
Die Regentropfen vermischen sich auf meinem Gesicht mit den Tränen, die an den Wangen herunterlaufen.
Wieder allein.
Die Stunden der Nacht nehmen kein Ende. Vor dem Fenster führt, was ich vorher nicht bemerkt habe, eine Schnellstraße vorbei, die mit aggressiven Geräuschen über mich herfällt. Alle zwei Minuten ein Laster.
Auf jeden Fall beginnt der nächste Morgen mit erheblichen Startschwierigkeiten. Ich starre lange mein Gesicht im Spiegel des Badezimmers an. Tiefe Augenringe, was ja kein Wunder ist, nach dieser Nacht, Schlupflider, die Knollennase meiner

Mutter, ich brauche lange, um die nötige Fassade vorzuholen.
›Ein Mädchen hat immer fröhlich zu sein, hübsch und adrett, wie aus dem Ei gepellt!‹ pflegte meine Mutter zu sagen. Sie hat sich auch daran gehalten, zeitlebens. Es wäre ihr nicht in den Sinn gekommen, ungeschminkt oder ohne ihre drei Hs (Handtasche, Hut und Handschuhe) das Haus zu verlassen. Es ist ihr allerdings auch nie schwergefallen. Sie empfand es nicht als Belastung, sondern als Privileg, das sie von den gehetzten Fabrikarbeiterinnen ihrer Umgebung unterschied.
Meine Umgebung ist anders.
Selbst mein gründlichstes Make-up wird nicht bemerkt werden. Es ist selbstverständlich. Wie bei einem abgerissenen Saum: den heilen sieht man nicht, aber ein Defekt fällt unweigerlich auf.
Der erste Kunde an diesem Morgen ist ein älterer Herr, ein Engländer. Er schildert ausführlich seine Anwendungsmodalitäten. Ich sehe ihn ganz genau, überdeutlich, wie mit einem Flash auf dunkle Leinwand gemalt. Seine hellen, borstig abstehenden Augenbrauen bewegen sich lebhaft, wenn er spricht; um den Mund mit sinnlich vollen Lippen liegen Falten, und Tränensäcke führen zu den lila verfärbten Augenringen. Er hat ein verlebtes, müdes und trotz allem nicht unsympathisches Gesicht. Ich folge lächelnd seinen Ausführungen.
Leider scheine ich nicht mit gleicher Präzision zu hören. Der exakten Wahrnehmung seines Aussehens steht ein höchst oberflächlicher Eindruck seiner Anfrage gegenüber, obwohl ich ihm auf englisch antworte und das Gespräch mühelos weiterläuft...
Der Ascher steht zwischen mir und dem Kunden, auf der glatten, resopalähnlichen hellbeigen Oberfläche unseres Tresens liegt wie üblich mein Notizblock, und als einzige Reminiszenz an irgendeine Vorstellung ungezwungeneren Lebens bietet sich nur die Pflanzschale an, die in Blickrichtung steht und unschuldige, weichgefiederte Farnwedel dem Kunstlicht entgegenstreckt.
Wieso betrachte ich die Hände meines Gegenübers so intensiv? Sie ähneln mit ihrer Behaarung ein wenig denen meines Vaters.

Wo kommt der Schauer her, der mir über den Rücken läuft?
Der Engländer bedankt sich angelegentlich, wird noch mit einigen sparsamen und doch gern akzeptierten Werbegeschenken bedacht und mit einem freundlichen Gruß verabschiedet. Dann driftet er davon, verschwimmt mit der anonymen Masse der Besucher und schlängelt sich weiter durch die Hallen auf der Suche nach optimalen Lösungen.
Wie anziehend seine Hände sind, ist ihm nicht bewußt.
Beim Abfassen des Gesprächsprotokolls weiß ich nicht mehr, was er gesagt hat. Wollte er nun Type H 141 oder A 143? Und wie groß war sein Monatsbedarf? Zweihundert oder zwölfhundert Tonnen? Auch bei der Materialqualität bin ich mir nicht sicher.
Das war jedenfalls keine Glanzleistung.
Ich muß raus hier. Einfach mal nach draußen, eine Nase voll Luft schnuppern. Meine Kollegen entschuldigen mich gerne, jeder muß mal kurz ausspannen.
Auch in der folgenden Nacht schlafe ich schlecht. Die wenigen Stunden der Ruhe sind durch Träume empfindlich gestört. Nur den einen, der mich in den frühen Morgenstunden aufschreckt, behalte ich in Erinnerung: Ich sitze rittlings auf dem obersten Gelenk eines Handlingers, sechs Meter über einer Maschine, um die Steuerkabel zu überprüfen. Zunächst kaum merklich beginnt der Arm, auf dem ich sitze, zu vibrieren. Ein angenehmes Gefühl durchflutet mich. Ich spüre es zwischen den Beinen, an den Oberschenkeln, auch Bauch und Brüste vibrieren mit. Dieser Welle von Empfindungen muß ich mich überlassen, ich brauche nichts zu tun, sie wird von selber deutlicher, bis ich weich schwinge, vor und zurück, vor und zurück... Langsam wird die Bewegung stärker. Fast zu spät werde ich endlich mißtrauisch und erkenne, schlagartig wieder klar denkend, die Gefahr. Ich könnte das Gleichgewicht verlieren. Als ich nach unten blicke, sehe ich den netten Engländer von gestern. Er steht am Schaltkasten und lacht aus vollem Hals.
Eisige Furcht schnürt mir die Kehle zu. Ich klammere mich mit aller Kraft fest. Als der Mann merkt, daß ich mich noch halten kann, legt er den nächsten Hebel um und beobachtet voller Schadenfreude, wie ich abstürze.

Ich falle und falle.
Kurz vor dem Aufschlag erwache ich. Neben dem Grauen, dieses Sterben erlebt zu haben, fühle ich heiße Wut aufsteigen.
Wie kommt dieser behaarte Affe dazu, mir den Tod zu wünschen?
Keine Zeit, darüber nachzudenken, die Arbeit geht ganz normal weiter. Die Anstrengung macht sich bemerkbar. Das Rumstehen, das unregelmäßige Essen.
Kopf, Rücken, Beine, Füße, selbst die Stimme tun weh und schmerzen.
Kollege Petersen lehnt an der Wand, mit den Händen in den Hosentaschen und entgleister Mimik; hin und wieder gähnt er vorsichtig hinter vorgehaltenem Prospekt. Er taxiert die Vorbeihuschenden auf potentielle Käufer.
Später redet er über den Kunden, der soeben den Stand verlassen hat.
»Der, der hat doch die letzte Bruchbude«, sagt er, »nichts mit los.«
Dr. Braun widerspricht ihm: »Wenn Sie sich da man nicht täuschen, mein Lieber, so was kann sich in einem halben Jahr grundlegend ändern.«
»Ach«, antwortet Petersen wegwerfend, »der lebt von der Hand in den Mund, kann sich nicht mal neue Stühle für sein Büro kaufen. Alles so zusammengeschustertes Zeug, krumm und schief. Wirklich nichts mit los.«
Sie streiten weiter.
So etwas liegt mir nicht. Ich mag keine Vertraulichkeiten. Da überprüfe ich lieber die Anordnung unserer Exponate, rücke die Schilder mit den Typenbezeichnungen zurecht und richte die Halogenstrahler neu aus, bis wieder eine zufriedenstellende Komposition erreicht ist. Dann stelle ich mich an die Gangseite des Standes, streiche das Revers meiner Jacke mit der flachen Hand glatt und mustere die Passanten. Was soll ich sonst tun?
Die englischen Hände fallen mir ein.
Behaart, wie die meines Vaters.
Aus unerfindlichen Gründen bin ich wütend. Auch wenn ich mich zusammenreiße, scheinen es die Kunden zu spüren.

Meine Kontakte laufen heute anders.
Kürzer. Knapper.
Keine freundlichen Zusätze, keine netten Floskeln, wie sie sonst am Ende eines Verkaufsgesprächs üblich sind.
Keine Komplimente für mich.
Von mir kriegen sie ja auch keine.
Da ist der nächste Kunde, ich habe ihn nicht kommen sehen.
Er hat die unangenehme Angewohnheit mancher Menschen, den Gesprächspartner ständig anzufassen. Mal legt er mir seine fette Hand auf die Schulter, mal berührt er mich am Arm. Solche aufdringlichen Typen kann ich nicht leiden. Er geht immer einen Schritt nach, wenn ich zurücktrete, und so weiche ich ständig aus, was ihn aber nur dazu bewegt, mir mit kleinen Schritten weiter auf die Pelle zu rücken.
Einen Herzschlag lang bin ich versucht, ihm zu sagen: ›Können Sie nicht Abstand halten, verdammt noch mal!‹ Das geht natürlich nicht.
Im Moment bin ich scheinbar nicht gut drauf, sonst hätte ich mich nicht in diese strategisch ungünstige Lage drängen lassen. Aber nun hat er mich, ich kann nicht mehr weg, stehe eingeklemmt in der Ecke zwischen einem hohen Hocker, der Theke und dem Mann. Das Gespräch wird zur Tortur, obwohl er es sicher weder will noch wahrnimmt. Außerdem gestikuliert er mit raumgreifenden Bewegungen, während meine immer sparsamer werden, bis ich kaum noch atme. Nur unter Anspannung aller Kräfte kann ich das Gespräch sinnvoll beenden; und erneut habe ich Schwierigkeiten mit dem Protokoll.
Petersen schaut mich ganz irritiert an, als ich ihn um Hilfe bitte.
Warum bin ich so unfähig?
Wieder stehe ich am Gang, Hände hinter dem Rücken verschränkt, wippe von den Zehenspitzen auf die Fersen, von den Fersen auf die Zehenspitzen und mustere die Passanten.
Die anderen sitzen an der Theke und erzählen sich Witze. Je leiser sie reden, desto obszöner sind sie wahrscheinlich.
Ich bin nervös, ohne es zu zeigen...
Meine Brüste brennen, wo Paul sie vor Tagen berührt hat, die Warzen drücken steil in die Baumwolle meines Hemdes, es macht mich böse und ungeduldig.

Dieser Paul ist auch so eine Unperson, wahrscheinlich stimmt nicht mal der Name. Er bezeichnet nur einen Mann von den Tausenden, die hier rumlaufen. Einen, der mich angesprochen, aber nicht gemeint hat.
Mein Arm brennt, meine Schulter brennt, ich habe keine Lust, technische Artikel zu verkaufen und höflich zu sein.
Meine Einsamkeit macht mich verrückt.
Wem könnte ich den Traum erzählen?
Auf dem Gelände ist die Hölle los. Der Lärm von gegenüber ist mir noch nie so aufgefallen. Es ist unerträglich. Dort läuft ein Webstuhl, der fingerdicke Stahlstangen zu Matten für den Bau verarbeitet. Kette, Schuß, Kette, Schuß.
Jedesmal ein Knall von mindestens 90 dzb. Wenn man sich doch die Ohren verstopfen könnte! Das ist nicht auszuhalten. Selbst mein Herz klopft im Rhythmus dieser Maschine, ich fühle mein Blut pulsieren, die Haut brennt. Mein ganzer Körper schwingt vor und zurück, vor und zurück... wie in diesem Traum... wie beim Beischlaf...
Auch die Berührung der fetten Hand auf meinem Unterarm ist nicht vergessen.
Ekelhaft.
Das will ich nicht.
Wie kommt der dazu, mich anzufassen, habe ich ihn etwa gebeten?
Ein neuer Kunde.
Er hat etwas gefragt, ich habe es nicht verstanden.
»Mein Herr, kann ich Ihnen behilflich sein? Kann ich Ihnen etwas zeigen? Da wäre vielleicht dies... oder unser neues Modell...«
Er zieht Leine.
Das ist auch besser so.
Von neuem beziehe ich meinen Posten. Stocksteif wie eine Puppe.
Ein dunkelhäutiger Pakistani spricht mich an. Er hat Glutaugen und Kaufabsichten. Ich bin träge und langsam, finde weder den richtigen Prospekt noch die Preisliste. Aber es ist egal, er wird sowieso nichts kaufen.
Diese Leute haben alle kein Geld.

Meine Protokolle sind chaotisch.
Wie sich wohl so braune Haut anfühlt?
Endlich ist er weg, ich kann meinen Spezialplatz beziehen. Es sieht aus, als würde ich die Besucher beobachten.
Ich stehe an der gleichen Stelle, unbewegt, korrekt gekleidet, selbst die Anstecknadel sitzt exakt.
Die Distanz wächst.
Ich bin weit, unerklärlich weit von allem entfernt.
Ich stehe in einer Arena und mustere die Kämpfer. Beteiligte im Gefecht der Geschlechter. Keine Menschen mehr, nur noch Sexualobjekte.
Lauter nackte Männer...
Ich werde vorsichtig gehen, hoffentlich fällt es nicht auf. Ich werde mich einfach absetzen, sonst tue ich doch noch, was ich jetzt träume: Ich ziehe mich aus und fliege nackt durch die Hallen, nur noch ein Bauch, ein Unterleib und ein Paar weit gespreizte Beine...
Weh dem, der mich berührt...

Eigentlich bin ich noch nicht richtig angekommen, als Sven die Wohnungstür öffnet. Er hat ein Essen vorbereitet, legt eine Platte auf, serviert und läßt mich erzählen. Ich beschwöre die vibrierende Spannung in den Messehallen, meine Eindrücke von manchen Kunden, schwierige Arbeitsumstände und technische Einzelheiten, bis ich am Ende, bei Kaffee und Cognac, tatsächlich ruhiger werde und wirklich *hier* sitze, an unserem Eßtisch, Sven gegenüber, der immer noch interessiert und nicht gelangweilt aussieht. Auch er redet sich von der Seele, was in den vergangenen zwei Wochen passiert ist. Wir waren lange getrennt, und jetzt, in der Vertrautheit unserer Wohnung, weit weg von allen geschäftlichen Belangen, in ein Gespräch vertieft, spüren wir, daß einer ohne den anderen nicht sein möchte. Wir rücken zusammen, schauen uns zwischen den Sätzen lange an, es ist ganz einfach, mehr zu erzählen und mehr zu fühlen, und brechen endlich auf. Im Schlafzimmer schmiege ich mich an ihn, an seinen warmen, vertrauten Körper und freue mich, daß ich ihn habe.

Auf den guten Anfang folgt, wie so oft, ein mieses Ende; aber ich reiße mich zusammen und verstecke das Fiasko.
Warum soll ich Sven den Begrüßungsabend verderben? Er hatte sich so sehr darauf gefreut... und mir macht es nicht viel aus, den Mund zu halten, ihn anzulächeln und noch ein wenig zu streicheln.
Am nächsten Tag bin ich furchtbar grantig.
Sven sollte nicht von gestern reden, und auch ich werde es einfach nicht mehr erwähnen. Das wäre ein Weg, wenigstens *seine* gute Laune zu konservieren.
Die Diskrepanz unserer Stimmungen ist ungeheuer. Er schwebt auf einer rosa Wolke, hat den Eindruck, nun hätte die Therapie endlich geholfen, und denkt nicht im Traum daran, mein verschwörerisches Komplott mitzuspielen. Er ruft aus dem Büro an: »Schön, daß du wieder da bist! Weißt du noch, wie das war, gestern abend? Mein Schatz, wir können das eben doch, ich freue mich auf dich! Denk an mich!«
Du liebe Zeit! Es wäre doch sinnvoller, gerade *nicht* an ihn zu denken! Warum sollen sich ausgerechnet seine braunen Augen mit dem unangenehmen Erlebnis von gestern verbinden? Er kann doch nichts dafür! Natürlich sag' ich ihm das nicht, ein Eingeständnis dieser Art würde mein Schweigen nachträglich sinnlos machen.
Svens Stimme verfolgt mich den ganzen Tag, selbst in dem um seine Höhen und Tiefen verkürzten Tonintervall des Telefons hört man noch das liebevolle Begehren darin, und ich kann es nicht erwidern.
Meine Zurückhaltung ist nicht rational zu begründen, sie entzieht sich der Beschreibung, wie alle Regungen, die im körperlichen Bereich ihre Wurzeln haben. Nur Schatten ohne Inhalte, ohne Absichten, ohne konkrete Anteile. Meine Schulter hat Bedenken, nicht ich. Mein Bauch zieht sich in Krämpfen zusammen, was hat das mit mir zu tun?
Ach, wie gern ich mich anfassen und streicheln ließe! Wenn nur die Angst nicht wäre! Diese kräftezehrende, alles andere ins Irreale abdrängende Panik!
Bitte, Sven, halt mich fest, aber bemerk mich nicht, liebkose mich, aber rühr mich nicht an, gib mir die Gewißheit, mich zu

lieben, aber komm mir nicht nahe! Ich schlage um mich, wenn du die Grenzen überschreitest, ich bring dich um, wenn du versuchst, mich zu erreichen...

Als er heimkommt, fixiere ich ihn wie ein Kaninchen die Schlange. Nur keine Berührung, nur keinen Körperkontakt, keinen Kuß und kein Schmusen! Die Arbeiten, die angeblich noch erledigt werden müssen, sind vorgeschoben, und auch die Beschäftigung mit Beate erfüllt primär den Zweck, ihn auf Abstand zu halten. Sven leidet unter meiner vorsichtigen Distanz, die ihn völlig überrascht und die er als Gefühlskälte interpretiert. Dabei bin ich doch für *ihn* vorsichtig! Er bemüht sich noch eine Weile, aber es hilft nichts. Da gibt er seine Anstrengungen auf.

»Ich verstehe dich nicht«, schimpft er später, als Beate schläft, mit der ihm eigenen Mischung von Zorn und Resignation; seine braunen Augen blitzen, und eigentlich fehlt nur noch, daß er mit der Faust auf den Tisch haut: »Es war doch so schön, gestern abend. Was ist denn jetzt in dich gefahren? Es sieht so aus, als müßtest du immer hinterher alles wieder kaputtmachen! Mir gefällt mein Leben, das einzige, was fehlt, ist eine Frau, die sich freut, wenn sie mich sieht, die sich wohl fühlt und mit mir zusammen genießt.«

Wie soll ich ihm erklären, was da passiert ist? Es ist so unverständlich.

Er hatte meine Bluse hochgeschoben und mich am Rücken gestreichelt, und die Intensität der Gefühle, die Freude, der Spaß, das ganze, vollständige Repertoire, das der Körper zu bieten hat, ließ mich aufstöhnen vor Lust.

Und doch schlug alles das ins Gegenteil um.

Als er auf mir drauflag, als ich seinen Penis spürte, als ich fühlte, daß es gut war, da wuchs wieder diese grundlose Verzweiflung. Jeder Stoß eine Katastrophe, jede Empfindung ein unverzeihlicher Fehler.

Es warf mich um.

Keine Entspannung, keine Freude, kein Orgasmus, statt dessen Wut und Aggression: Jemand flüsterte mir ins Ohr, ich spürte den heißen Atem und hörte die beleidigenden Worte: ›Du bist der letzte Dreck, du Hure, du blöde, ich freß dich, ich

schneide dir die Kehle durch, laß dich ja nicht erwischen... hinreißen... dich krieg ich schon klein...‹
Eine Drohung, eine unbeschreibliche Drohung wuchs an, bis sie übermächtig wurde und mich erdrückte. Die unbeschwerte Stimmung, die Hoffnung auf Liebe, der tiefe, unbehinderte Atemzug, meine Offenheit, alles das verschwand, und panische Angst kam zum Vorschein.
Dabei war ich immer noch erregt, mein Körper mochte die Kehrtwendung der Gefühle nicht mitmachen, er lief auf maximaler Drehzahl.
Diese Bumserei war und ist fürchterlich. Sven fühlt sich gut, hat sein Bedürfnis gestillt, noch ein bißchen gekuschelt und geredet und gestreichelt, meine Einsilbigkeit hat ihn nicht stutzig gemacht, er ist seinen Samen losgeworden, und ich hab' ihn, bin abgefüllt wie eine Flasche, und dabei brauch' ich das nicht, will ich das nicht, zum Kotzen, zum Lachen, so traurig, so komisch...
Drei- oder viermal probierte ich später, als Sven endlich schlief, doch noch einen Orgasmus zu kriegen. Ich war so wütend auf mich, auf Rennebaums gleichmäßige Stimme: ›Nicht reinziehen lassen, Distanz bewahren!‹, die mir in den Ohren klang, konnte die Raserei nicht beenden; ich onanierte und stellte mir Vergewaltigungen, Angst und Schande vor. Die Phantasien wurden brutaler, das Vergnügen spärlicher. Erst als ich völlig ausgepumpt war, sah ich ein, daß es keine Möglichkeit gab, die Spannung aufzulösen. Der Ekel vor mir selbst, vor meinem Körper und meinem Kopf war angewachsen, bis er riesige Ausmaße hatte.
Das kann ich doch Sven nicht erzählen! Er müßte ja den Eindruck kriegen, ich wäre völlig übergeschnappt!
Statt dessen könnte ich ihn ein wenig streicheln, seine Wange mit meinem Atem streifen, selbst etwas glücklicher sein. Zufrieden darüber, daß er bei mir ist. Das würde schon genügen. Aber was soll ich tun, wenn das nicht geht? Wie soll ich ihn streicheln, wenn er sich dann zu mir dreht und ich unter seinem Blick erstarre? Wenn ich ihn anlächle, kommt er zu mir und will mich küssen.
Feuchte Lippen auf dem Mund, wie intim... als würde er in

eine offene Wunde fassen ... nicht zum Aushalten, nicht machbar, nicht vorstellbar, das kann ich nicht!
Noch dazu braucht er mich nur anzusehen, und schon hat er eine Erektion, er kriegt nie Schwierigkeiten, er hat nie Angst, er hat überhaupt keine Probleme, die habe immer nur ich, und ich platze vor Neid. Wie soll ich damit leben? Wie soll er es mit mir aushalten?

Herr Rennebaum macht mir Vorwürfe.
»So geht das doch nicht«, sagt er. »Sie dürfen Ihren Mann nicht im ungewissen lassen! Wenn Sie nicht mit ihm schlafen wollen, sagen Sie ihm das. Er muß wissen, was in Ihnen vorgeht, sonst kann er nicht darauf reagieren. Oder merken Sie, daß Sie damit ein Druckmittel aus der Hand geben?«
Druckmittel? Wieso Druckmittel? Ich verstehe nicht, was er meint, und all seine Erklärungen machen es nicht deutlicher. Da wechselt er das Thema: »Ginge es mit einem anderen Mann besser?«
Nein, es ginge nicht besser. Wie sollte es denn? Die bloße Idee ist ein Horror. Keine Alternative da, nur allein sein, ganz allein.
»Sie dürfen die andere Seite nicht vergessen, Frau Karedig«, sagt er. »Selbst wenn Sie es im Moment nicht spüren, ist es da. Sie *wissen*, daß Sie sich nach Zuneigung und Liebe sehnen. Vergessen Sie das nicht, behalten Sie es wenigstens in Erinnerung, auch wenn diese Wünsche jetzt verschüttet sind. Denken Sie daran, daß schon des öfteren Blockaden da waren. Sie können auf die Erfahrung zurückgreifen, daß Blockaden auch wieder verschwinden.«
»Wenn Sie so eindeutig ›nein‹ denken, kommt es mir vor, als wären Sie sehr aggressiv. Stimmt das?« will Herr Rennebaum wissen.
Na ja, alles, was ich fühle, erschöpft sich in ›nein‹ oder ›das will ich nicht‹, und ich werde ungeheuer sauer, wenn Sven versucht, mich umzustimmen.
Sogar die Bemühungen, darüber zu sprechen, verlaufen im Sand. Was ich sage, argumentiert Sven weg, er will mir die ganze Zeit beweisen, daß alles nicht so schlimm sein kann ... Es kommt nichts dabei heraus. Ich erzähle ihm, daß ich ihn kaum wahrnehme und diese Isolation quälend finde, und er antwortet: ›Ach, das stimmt doch nicht! So, wie du gerade gestöhnt

hast, mußt du mich doch gespürt haben, das war doch schön!‹ Was soll ich darauf sagen? Unser Gespräch ist zu Ende, bevor es angefangen hat.
Im Grunde bin ich stolz darauf, *nicht* zu reagieren, obwohl mir das Widersinnige daran durchaus bewußt ist.
»Vielleicht hat das eine Funktion?« fragt Herr Rennebaum, aber ich kann dazu nichts sagen. Das weiß ich auch nicht, und so zucke ich nur mit den Achseln.
Erstaunlicherweise fällt mir jetzt das Kind ein, das ich einmal war, langbeinig, mager, damals noch ohne Brille, dafür mit Zöpfen. Ein blödes Gör. Es sitzt auf einem großen Stein am Gartenzaun und pult an der alten Wunde über dem Knie herum, zupft an dem Schorf, der sich an den Rändern gebildet hat und zieht ihn zielstrebig herunter, obwohl das entzündete Fleisch bei der Berührung schmerzhaft zu pochen anfängt. Die Wunde ist tief und noch lange nicht verheilt, jetzt blutet sie wieder. Gestern erst hatte mich Mami zum Arzt geschickt. Er konnte sich die Eiterung und das ewig offene Loch nicht erklären. »Das sieht aber schlimm aus!« sagte er. »Warum heilt das denn nicht zu? Hoffentlich kriegst du keine häßliche Narbe.«
Die Narbe ist mir egal, ich will das Blut sehen und den Schmerz auskosten, ohne zu weinen.
Zur Übung, sozusagen.
Damals glaubte ich tatsächlich, wenn ich es nur einmal schaffen würde, vor Papi nicht zu weinen, könnte ich ihn doch noch überzeugen; aber es ist mir nie gelungen.
»Wovon überzeugen?« fragt der Therapeut.
Daß ich nicht reagiere. Schaffe ich das nicht, ist es wie eine Bestätigung, daß er im Recht war. Tante Ella hatte es einfacher. Für sie war klar, daß ihr Schwager sie nicht bedrängen durfte. Mein Fall liegt anders. Schließlich war ich eine schlechte Schülerin, schließlich trödelte ich unendlich mit den Hausaufgaben, schließlich war ich vielleicht ein ganz unmögliches Mädchen, faul und arbeitsscheu ...
»Was denken Sie über einen Mann, der sein Kind so schlägt, wie Ihr Vater Sie geschlagen hat?« will Rennebaum wissen.
–...–

»Was denken Sie darüber?«
»Ich weiß nicht, was ich davon halten soll.«
»Ist das nicht merkwürdig? Sonst haben Sie doch auch klare Kriterien, nach denen Sie Handlungen beurteilen können. Nur in diesem Bereich nicht.«
»Wahrscheinlich hatte mein Vater recht, mich zu schlagen und schlecht über mich zu denken...«
»Erklären Sie das genauer«, verlangt Herr Rennebaum, »was dachte er denn über Sie? Und wieso durfte er Sie schlagen, in welcher Hinsicht hatte er recht?«
Ich muß weinen, obwohl ich nicht will, aber reden mag ich auch nicht...
Herr Rennebaum fragt noch mal.
»Das war doch bloß ich...«
Auf dieses Gespräch hätte ich mich nicht einlassen sollen. Den Therapeuten nicht anschauen, lieber in den Handballen beißen, au, das ist ein Schmerz, eine Empfindung, die ich zulassen und spüren kann.
Ich schluchze, es geht mir an den Kragen, er wird mich in die Ecke drängen... Ich soll reden und kann doch nichts sagen. Ich weiß schon, was kommt, Herr Rennebaum ist sturer als ich, ich habe ihm nichts entgegenzusetzen.
»Womit hätte Ihr Vater recht gehabt?«
»Wenn er mich schlägt...«
»Weshalb schlägt?«
»Weil ich etwas gespürt habe.«
»Das ist zu allgemein, sagen Sie präziser, was Sie meinen.«
»Ich weiß nicht so genau...«, ich drehe und verbiege mich, es ist so ungut... das Gespräch entgleitet, ich muß wieder weinen, er unterbricht mich:
»Weinen Sie nicht, sagen Sie mir lieber: Was haben Sie gespürt, was ihm das Recht gegeben hat, Sie zu schlagen?«
Jetzt hat er mich in der Klemme. Unser Gespräch ist zum Machtkampf geworden, und ich habe das viel zu spät bemerkt. Es gibt keine Ausflucht mehr.
Dabei könnte ich so genau sein, viel exakter als Rennebaum ahnt. Jede Sekunde könnte ich repetieren: Ich habe gestrampelt und geschrien, ich habe mir die Seele aus dem Leib gebrüllt

und gehofft, ohnmächtig zu werden, es hat nichts geholfen, er hat mich erwischt, ausgezogen, angefaßt, gestreichelt...
Deine Finger habe ich gespürt, Papi, deine Hände auf meinem Hintern, an meiner Scheide... deinen Penis, dein ganzes warmes Sein, und es hat mir Schauer der Erregung und der Erwartung, es hat Wellen des Entzückens und der Angst ausgelöst, und doch durfte ich nichts davon fühlen, nichts. Was immer ich tat, aus dieser Konstellation konnte ich nicht heil hervorgehen, warum sollte ich nicht versuchen, nichts, buchstäblich nichts zu fühlen? Ich wollte deine Berührung doch nicht! Ich habe nichts getan, um sie herauszufordern! Warum schlägst du mich, wenn ich spüre, was du mir aufzwingst?
Herr Rennebaum schaut mich an. Vorgebeugt, konzentriert. Er wartet, bis ich mich wieder beruhigt habe und höre, was er fragt: »Was haben Sie gespürt?«
Ich will das nicht sagen. Warum sollte ich das alles erzählen, er weiß es doch längst!
»Es geht nicht um mich, es geht um Sie, Frau Karedig. Was haben Sie gespürt? Sprechen Sie es aus!«
»Das darf ich nicht. Ich lüge ja doch bloß. Ich lüge wie gedruckt.«

Vor der Therapiestunde am nächsten Tag graust es mir. Eigentlich wollte ich noch einen Arztbesuch einschieben. Doch das Wartezimmer war so voll, daß ich frühestens in zwei Stunden drangekommen wäre. Obwohl ich einen Termin hatte, ging ich gleich wieder. Macht ja nichts, kauf' ich eben in der verbleibenden Stunde noch Geschenke ein, dachte ich. Es stehen ja Geburtstage ins Haus, und es ist ohnehin schon dringend. Wie schon des öfteren muß alles auf die letzte Minute erledigt werden. Beate braucht einen Bademantel. Leider gab es keinen wirklich schönen.
Das war also nichts.
Dann fiel mir ein, daß ich noch etliche Zutaten für die Einladung am nächsten Wochenende besorgen müßte, und ich ging in ein Kaufhaus, um wenigstens das zu erledigen. Als endlich alles gefunden war, stellte sich heraus, daß nur eine einzige Kasse geöffnet hatte, wo sonst fünf oder sechs besetzt sind, und die Schlange vor diesem Schlupfloch hatte gigantische Ausmaße, ich wäre niemals mehr pünktlich zu meiner Stunde gekommen – es war aussichtslos.
Selbst im Parkhaus brauchte ich dann zehn Minuten, weil so ein Trottel vor mir mit der Schranke nicht klarkam.
Logischerweise kam ich zu spät in die Praxis.
Es gibt Tage, da wäre es besser, gleich zu Hause zu bleiben. Diese ganze verpfuschte Woche hat meine Nervosität auf ein Niveau ansteigen lassen, das unerträglich ist. Bei Rennebaum kostet es unverhältnismäßige Anstrengungen, wenigstens einigermaßen ruhig zu bleiben und verständlich zu artikulieren. Die simpelsten Sachen lassen sich nicht rausbringen, ich werde auch hier nur Mist produzieren, wie schon auf der Messe, im Verhältnis zu Sven, bei den brutalen Phantasien oder der Einkaufstour heute, alles Mißerfolge. Beate habe ich beim Frühstück grundlos zusammengestaucht, und hier, in der Therapie, bring' ich auch nichts...

Mutlos strecke ich vor diesem Wust von Problemen die Waffen. Der Therapeut will wissen, warum ich so schlecht drauf bin, unser Gespräch vom letztenmal scheint er zum Glück vergessen zu haben, er hat nicht danach gefragt.
Der unbefriedigende Verlauf des Vormittags fließt mit anderen Elementen zusammen; mein Eindruck, unfähig zu sein, nichts zu können, weitet sich aus. Ich bin für alles und jedes zu klein und zu dämlich. Undeutliche, uralte Bilder ... Alle sind gegen mich, ich kann mich nicht wehren ... Jemand packt mich, legt mich auf den Rücken ... zerrt an meinen Beinen herum ... Nur mein eigenes, stereotypes ›au‹ ist zu hören ...
Übergangslos wieder wach, schaue ich Herrn Rennebaum an. Er ist unzufrieden: »Lassen Sie das doch endlich mal ablaufen, ohne zu unterbrechen, dann sehen Sie vielleicht, was sich dahinter verbirgt!«
Er hat ja keine Ahnung.
Da soll ich zerstückelt und endgültig vernichtet werden, nicht nur äußerlich, nein, auch die Seele und der Geist, einfach alles. Nachher bin ich nicht mehr so wie zuvor ... Das kann ich nicht noch mal ablaufen lassen, mit diesen ganzen Folgen, der Scham, der Hilflosigkeit, dem Versteckenmüssen ...
Unbewegt, ohne einen Finger zu rühren, schaue ich mich im Zimmer um. Es ist alles wie gewohnt, die Fensterfront mit Jalousie, die schwarzen Sessel, eines der lila Kissen hat eine Falte in der Mitte, der Schatten des Therapeuten liegt zum Teil auf dem Fußboden und zum Teil auf der Wand ... Nur die Landschaft aus Sand über dem lila Sideboard hat eine andere Form als früher. Der eine Kegel sieht völlig verrutscht aus. Ich kann mir nicht erklären, wie er entstanden ist, und kneife ein Auge zu, um ihn besser fixieren zu können.
Rennebaums Stimme erreicht mich durch eine Wand aus Watte: »Hier kann Ihnen nichts geschehen, Sie sind heute erwachsen, kein kleines Mädchen mehr ...«
Er hat leicht reden.
Wahrscheinlich ist jemand beim Staubwischen an den Rahmen gestoßen und hat dadurch die Veränderung bewirkt. So eine Kleinigkeit, nur ein winziger Anstoß, und das Bild sieht ganz anders aus.

Ich drehe mich wieder zu dem Therapeuten um und merke, wie sich trotz Müdigkeit und Isolation aus der Ungewißheit dieses fürchterlichen Vormittags ein Gedanke herausschält, bis er deutlich ist und formuliert werden könnte. Es ist die alte, bange Frage: Wird mich Herr Rennebaum von diesen Alpträumen erlösen? Kann er mir helfen?
Es wäre unfair, sich auf diese Weise zu erkundigen. Woher soll ich das Recht nehmen, ihn zu drängen?
Er tut ja ohnehin sehr viel für mich, mehr als er müßte. Er bringt sich ein, er tanzt mit mir diesen unberechenbaren Pas de deux auf dem Hochseil, das sich Analyse nennt. Oft genug ist zu spüren, daß er dabei seine Persönlichkeit einsetzt, nicht nur professionelle Anteilnahme und Routine, und nur darauf hätte ich Anspruch, nur dafür kann ich bezahlen, das ist die geschäftliche Seite unserer Beziehung.
Ich will ihn nicht unter Druck setzen, und doch ist das die einzige Frage, die wichtig wäre, aber sie ist falsch gestellt.
Ich fürchte, daß mir nichts hilft. Es hat mich erwischt, irgendwo im Zentrum. Die ganze Therapie ist für die Katz.
Diese Erkenntnis zementiert die Aussichtslosigkeit, und ich fange an zu weinen. Sehr verhalten, ohne Schniefen und Schlucken, auch der Atem bleibt gleichmäßig, nur die Tränen laufen aus den Augenwinkeln über die Ohrmuschel ins Kissen.
Herr Rennebaum sieht es trotzdem und fragt nach der Ursache. Für einen Moment stockt mir der Atem, was soll ich sagen, ohne mich zu verraten? Dann antworte ich so beherrscht wie möglich:
»Mich beschäftigt die Frage, ob ich das je loswerde.«
»Was denken Sie denn darüber?« fragt Herr Rennebaum zurück.
»Es hätte mich ja gerade interessiert, was *Sie* dazu meinen!«
»Würde es Ihnen helfen, wenn ich sage, daß Sie alles das ablegen können? Würden Sie mir glauben?«
»Nein, wahrscheinlich nicht«, muß ich einräumen.

Am Abend ist die Traurigkeit noch genauso akut. Sven liegt auf der anderen Seite des Bettes, streichelt mit ausgestrecktem

Arm meinen Bauch und bittet: »Faß mich doch mal an! Es ist so schön, eine Erektion zu haben!«
Dann legt er die Zeitung beiseite: »Erzähl was von dir, du machst so einen deprimierten Eindruck!«
Von der Stunde bei Rennebaum noch ziellos verstört, hatte ich am Nachmittag in einer Illustrierten geblättert, ohne eigentlich zu lesen, und war auf eine Anzeige gestoßen, bei der die Überschrift in riesigen Lettern sofort ins Auge stach: ALT UND LEBENSSATT... und der Gedanke stieg ganz von selbst auf, daß ich wohl nie so zufrieden das Leben aus meiner Hand gleiten lassen kann wie Abraham, der eben so, alt und lebenssatt, starb.
Es ist ungeheuer traurig, immer wieder – und damit eigentlich für immer – mit leeren Händen und diesem wahnsinnigen Hunger dazustehen.
Jetzt, als Sven sagt: »Faß mich doch mal an...«, könnte ich heulen vor Trauer und Neid. Ich habe so eine Sehnsucht nach dem wirklichen Leben; nach dem ganzen, dem vollen, und doch kann ich mit Svens Liebe so wenig anfangen. Andere leben doch auch und haben Freude daran, warum kann ich das nicht?
Es ist nur ein Versuch, und wahrscheinlich ein untauglicher, aber ich möchte Sven erklären, wie ich mich fühle, und sage zu ihm: »Ich bin wie ein Verhungernder und Verdurstender, der in der Wüste ein Lebensmittellager findet. Hunderte von Dosen. Sie enthalten alles, was er braucht. Aber er hat keinen Öffner. Es ist Betrug, er verreckt im Anblick der Speisen!«

Das, was ich als ›mein Leben‹ bezeichne, geht auf Distanz. Es gehört nicht mehr unabdingbar zu mir, ich kann es betrachten wie eine Sache, die mich nichts angeht, die nicht mit mir verwoben ist und deren Wert oder Unwert objektiv festgelegt werden kann.
So halte ich mein Leben in der Hand und versuche seine Nützlichkeit und seine Berechtigung zu taxieren. Wie eine Ware liegt es vor mir, mit guten und schlechten Seiten, Fähigkeiten und Mängeln ... und ich wäge ab.
Die Erfolge von gestern gegen die Unfähigkeiten von heute.
Den Sonnenschein draußen gegen die Finsternis drinnen.
Das gute Verhältnis zwischen Sven und mir gegen die Blokkade, wenn er mich anfaßt.
Die wenigen guten Momente mit Beate gegen die vielen Tage, an denen ich – wie heute – als Mutter jämmerlich versage. Mit jedem neuen Tag wird die Schuld größer, wieder nicht gearbeitet, wieder nicht geliebt zu haben. Der unerledigte Berg wächst ein Stückchen, und die Aussicht auf Änderung schwindet. Alles, was auf diese Weise unter den Teppich gekehrt wurde, viele Jahre lang, bringt mich nun zum Stolpern und verschließt noch zusätzlich den Ring um mich herum.
Müßte ich nicht mein Leben längst als unbrauchbar und nutzlos aussortieren? Warum soll ich leben, wenn ich nicht arbeiten und nicht fühlen kann?
Wenn es doch leichter wäre!
Wie wird es wohl sein, wenn man sich die Pulsadern aufschneidet oder schlafend erfriert? Wie fühlt man sich, wenn man sich aufhängt oder aus dem Fenster stürzt; was denkt man, wenn man von einer Brücke springt oder einen tödlichen Unfall provoziert?
»Nicht reinfallen lassen«, predigt mir Herr Rennebaum mit wenig Erfolg, als ich ihm meine Überlegungen schildere. »Warum wollen Sie sich fertigmachen? Dazu besteht kein Grund.«

Was, kein Grund?
Mein Arbeitsstil ist ineffizient, ich schaffe kaum etwas, obwohl als Folge der Messe Berge von Akten nachgearbeitet werden müßten. Ich kann mich nicht aufraffen, hänge stundenlang herum, ohne mich zu rühren, und schicke noch dazu Beate fort, weil ich ihre unbeschwerte Gegenwart nicht ertragen kann. Ich bringe viel zu wenig, leiste zu wenig, erreiche zu wenig, liebe zu wenig, von allem zu wenig...
»Was wollen Sie eigentlich?« fragt Rennebaum dagegen. »Sie haben gerade vierzehn Tage unter anstrengendsten Bedingungen auf einer Messe gearbeitet, Sie versorgen Ihre Familie, Sie setzen sich mit Ihrer Vergangenheit auseinander... Wenn das nicht reicht, dann müßte man siebzig Prozent unserer Bevölkerung als unfähig bezeichnen. Phasen der Erholung braucht jeder. Es ist nicht Ihre objektive Leistung, sondern Ihr Selbstbild, das Ihnen vorgaukelt, Sie könnten nichts.«
Ich schaue ihn lange an.
»Warum schauen Sie her?« fragt er. »Es sieht aus, als ob Sie etwas überprüfen wollten.«
Soll ich ihm sagen, daß er der Rettungsanker ist, den ich nach dem Leben ausgeworfen habe, daß er auf der einen Seite steht, mit all meiner Hoffnung beladen, und auf der anderen mein Vater mit seiner tödlichen Fracht aus Angst und Verzweiflung?
Ich will sehen, was der Therapeut denkt, ob er ehrlich ist und mich nicht allein läßt, ich möchte sein Inneres nach außen kehren... und ihn bitten, anbetteln, anflehen: ›Bitte, Herr Rennebaum, helfen Sie mir!‹
Er ist meine einzige Hoffnung.
Mir fallen die unzähligen Gesichter ein, in die ich schon geschaut habe, alte und junge, tiefzerfurchte und glatte, und alle schwebten nah über meinem Gesicht und konnten mir, trotz eingehendster Betrachtung, keine Antwort auf meine Frage geben.
Auch Rennebaums Gesicht drückt nicht viel aus. Konzentration – ja, Anteilnahme, tiefe innere Anteilnahme, das auch; und manchmal andere Gefühle: Ärger, Zorn, Ungeduld, Freude, aber er selber tritt zurück hinter seiner Funktion und

die bedingt, daß er eine Unperson bleibt, als Mensch kaum greifbar, und entsprechend schlecht kann ich mich an sein Gesicht erinnern, wenn ich die Praxis verlassen habe. Aber selbst wenn ich es wie jetzt anschaue, gibt es keine Antwort.
Ich weiß nicht mal, wie die Frage lautet.
Er formuliert sie für mich: »Bin ich in Ordnung, kann ich so akzeptiert werden, wie ich bin?«
Auf diese Frage, meint er, werde ich die Antwort nicht in fremden Gesichtern, sondern nur bei mir selbst finden.
»Woran denken Sie«, fragt er. »Sprechen Sie es einfach aus!«
Und zum Schluß sage ich tatsächlich:
»Bitte, helfen Sie mir«, und prompt kommt seine Antwort:
»Gern!«, und dann noch mal: »Gern. Wie wäre es, wenn Sie mithelfen?«
»Sie können alles tun, alles negativ sehen, was immer Sie wollen... Aber Sie müssen einmal das Risiko auf sich nehmen, etwas Positives zu fühlen und zu sehen, daß das jemand merkt. Sie werden nicht drumherum kommen.«

Wir sammeln Fakten und versuchen, sie in eine logische Reihenfolge zu bringen. Gefühlsmäßig gleiten mir dabei Damals und Heute aus dem Blickfeld, ständig vermischen sich die Zeiten. Läuft das unbewußt ab, gerate ich in Panik; wird es bewußt, schäme ich mich.
»Was immer sich damals abgespielt hat, sollten wir uns gemeinsam anschauen«, versichert Herr Rennebaum. »Es gibt keinen Grund, sich zu schämen. Nicht für das, was passiert ist, und nicht für das, was Sie gefühlt haben.«
Also schauen wir es gemeinsam an. Schemenhafte Gestalten, die nie deutlich werden, und ein Geschehen, in dem die wichtigsten Teile fehlen. Auch Personen sind nicht erkennbar.
»Da ist ein Mechanismus am Werk, der alle Gesichter löscht«, meint der Therapeut. »Das erspart Ihnen die Konfrontation, die Wut, den Haß, die mörderischen Gefühle, mit denen die betreffende Person von der Psyche regelrecht getötet wird. Erst nach einem solchen Prozeß kann sie gleichgültig werden, und man denkt unbeteiligt an die Vergangenheit. Dann könnten Sie auch verzeihen. Ablösungen laufen nach diesem Schema.«

Es ist, als müßte ich als Erwachsene gegen ein stures, uneinsichtiges Kind kämpfen, das einfach nicht will. Mit der Beharrlichkeit aller Kinder, mit ihrer Unbedingtheit und Unüberlegtheit sagt es einfach nur nein und ist keinerlei Argumenten zugänglich. Es schaltet ab, wenn etwas gesagt wird, was seine Position in Frage stellen könnte. Es hat sich geschworen: ›Das passiert mir nie wieder‹, und alles, was daran rühren könnte, wird komplett ausgeschaltet. Ich bin machtlos in diesem Kampf gegen mich selbst, es gibt keine Lösung, die schnell oder einfach erreichbar wäre, nur den steten Versuch, eine neue Überzeugung wachsen zu lassen.
Jede Woche wieder Entspannung und konfuse Eindrücke:
»Es waren viele ... drei oder vier ... eher vier ... Er war so haarig ... überall Haare. Das war kein Kind, das war ein Mann ... Haare auf der Brust, Haare unter den Achseln ...
Ein Gespräch unter dem Birnbaum: ›Hast du schon Haare?‹ ›Haare, wieso Haare? Wo denn?‹ ›Na, unter den Armen und zwischen den Beinen ...‹«
»Wer fragt Sie das?«
»Marion.«
Marion lügt. Sie sagt, es wäre schön, aber das stimmt nicht. Bloß, wer ist Marion?

Erinnerungen blenden wie die Wände eines Spiegellabyrinths, an denen man sich den Kopf einrennt. Erlebnisse aus der Kindheit erhalten sich nicht rein, sondern vielfach gebrochen, überdacht, neu zusammengesetzt. Ein Kind fühlt ganz anders als ein Erwachsener, und später läßt sich nicht mehr klären, wo die Wahrheit liegt. Diese Einzelteile sollten zu einem möglichst objektiven Bild zusammengesetzt werden, um endlich das Kapitel ›Vater‹ abzuschließen und Raum für ein eigenes Leben zu schaffen. Aber die alten Probleme sind furchtbar zäh, und statt neuer Details tauchen plötzlich ganz andere Sachen auf.
Nichts paßt zusammen. Manchmal liegt das Kind auf dem Bauch ... dann wieder auf dem Rücken ... Mal ist es allein ... dann wieder stehen viele Leute herum, mißbilligende Blicke kommen von allen Seiten ... eine Phalanx von Zuschauern bildet den Rahmen. Ständig finden sich neue Einzelheiten – oder

sind es nur Hirngespinste? –, die nichts miteinander zu tun haben, die sich nicht einordnen lassen und die nicht zu den Abläufen passen, von denen klar ist, daß sie stattgefunden haben.
Wo kam der Schlag auf den Bauch her, vor dem ich erschrecke, wenn ich mich, bei Rennebaum liegend, zu entspannen versuche?
Jemand schlug mir auf den Bauch, ganz fest, so hart er konnte. Die Absicht war klar. Ich sollte mich fügen. »Damit du's dir merkst!« sagte er.
Was sollte ich mir merken?
Es ist nicht genau herauszubringen... einfach alles: nie mehr hinlegen, nie mehr nackt sein, nie entspannt oder geil und nie mehr ohne Mißtrauen.
Ich kann nicht erkennen, wer es ist, ich kann mich nicht erinnern, was genau er wollte, aber gemerkt habe ich's mir.
Das schon.
Doch mein Vater schlug nicht auf den Bauch, sondern auf das nackte Hinterteil... Manchmal kann ich die Umgebung als dämmrigen Schuppen identifizieren, aber ich war nie mit ihm in einem Schuppen. Sollten wir als Kinder dort gespielt haben, fragt sich, warum mir Papi einfällt, wenn ich an das Gespräch über Haare denke...
Was soll das alles?
Auch die Schwierigkeiten mit Sven, mit meinem Körper, mit Sex, eigentlich die einzige sichere Spur, der ich folgen kann, sind eher verwirrend als aufhellend. Warum habe ich so fürchterliche Angst vor einem Penis? Nur mit den Prügeln von früher ist das nicht zu begründen.
Ausgerechnet ich, die ich schon sauer bin, wenn in einem Film, Buch oder Theaterstück Ungereimtheiten und unlogische Sprünge auftauchen, produziere einen Wust von unzusammenhängenden Einzelheiten.
Der einzige gemeinsame Nenner ist die Zeit. In allen Szenen bin ich klein, ein Kind im Grundschulalter. Was hat dieses Kind erlebt, was heute noch so grundlegende Bedeutung hat? Warum schweigt dies Blag so hartnäckig? Stur ist es, bockig, kein bißchen kooperationsbereit. Meine Wut schäumt hoch, wenn ich es sehe.

»Was würden Sie mit einem solchen Kind machen?« fragt Herr Rennebaum.
»Hintern voll und in die Ecke stellen!«
Könnte ich es zu fassen kriegen, ich würde es schütteln und anschreien: Was ist damals passiert? Sag's endlich! Rück raus damit, oder ich schlage dich, bis du keine Luft mehr kriegst! Aber je mehr ich tobe, desto stiller wird die bleiche Figur meiner Phantasie.
›Das darf ich nicht sagen, darüber spricht man nicht‹, scheint die einzige Antwort zu sein, die ich auf meine Fragen erhalte. Das ist kein Wunder. Mit schimpfenden Erwachsenen, mit massiven Drohungen hatte dieses Kind mehr Erfahrung, als ich jemals sammeln kann. Es schweigt und zieht sich zurück. Es steht in einem Zimmer meines Elternhauses, hinter der offenen Tür hat es sich versteckt. Die langen Zöpfe, die täglich von der Mutter neu geflochten werden, wickelt es aus unerfindlichen Gründen um den Zeigefinger, mal links, mal rechts. Es trägt einen braunbeigefarbenen Faltenrock mit breiten Trägern, die von den Schultern rutschen. Es atmet kaum, scheint völlig in sich versunken; es ist allein, wickelt die Haare auf und ab und konzentriert sich nur auf ein Ziel: überleben.
Überleben, bis es groß genug ist, um allein zurechtzukommen.
Auch dieses Bild kann kaum stimmen. Unser Haus war zwar weitläufig, aber es wohnten mehrere Familien zusammen, außerdem meine Oma, Tante Ella mit ihren Söhnen und noch eine andere Mieterin... und alle diese Personen hatten keine abgeschlossenen Wohnungen, sondern benutzten den gleichen Eingang, dieselbe Treppe, die Toilettenanlagen im Untergeschoß. War es da überhaupt möglich, sich zurückzuziehen und allein hinter einer Tür zu stehen?
Noch dazu waren meine Eltern unternehmungslustig. Wir machten Ausflüge mit Freunden oder Bekannten. Auf den Fotos aus dieser Zeit ist stets die ganze Familie versammelt, mit Picknickkorb und lachenden Gesichtern.
Wir waren eine glückliche Familie, ohne Probleme.

»Zu klein und zu dämlich«, zitiert der Therapeut bei einer späteren Sitzung. »Wer hat Ihnen das eingeredet?« Und erstaunt höre ich mich antworten: »Martin!«
»Martin?« fragt der Therapeut.
»Martin und Marion«, sage ich jetzt, als hätte es mir jemand aufgetragen. Martin war ein Junge aus der Nachbarschaft. Ich kann mich kaum noch an ihn erinnern. »Wir haben über Haare geredet«, erzähle ich.
Und dann sehe ich tatsächlich die Kinder am Ende des Gartens stehen, neben dem Birnbaum, dessen Äste sich unter der Last vieler Früchte im Bogen neigen und dessen Rinde so rissig ist, daß man sich die Hände zerkratzt, wenn man hinaufklettern will. Es sind sieben Kinder: drei Jungen, ungefähr fünfzehn Jahre alt, ein etwa gleichaltriges, bereits sehr erwachsen wirkendes Mädchen und Anita und ich.
»Hast du schon Haare?« hat Marion den Jungen gerade gefragt. Der grinst, ohne zu antworten.
»Mensch, bist du blöd«, sagt der andere, »der Martin, der hat doch schon seit letztem Jahr welche.«
»Glaub' ich nicht«, kräht der Blonde dazwischen: »Das will ich erst mal sehen, du Angeber.«
Weder Anita noch ich verstehen, was das soll. ›Haare, wieso denn Haare?‹ könnten wir fragen, aber wir tun es nicht, wir wollen nicht auffallen, sondern weiter zuhören und uns keine Blöße geben.
»Das will ich auch sehen«, sagt Marion nach einer kurzen Zeit des Nachdenkens.
»Dann gehen wir eben in den Schuppen, und ich zeig's euch«, meint Martin.
»Na, kommt ihr auch mit?« fragt das große Mädchen Anita und mich. »Oder traut ihr euch nicht?«
»Nee, du, ich muß jetzt nach Hause, meine Mama wartet schon...«, antwortet Anita, aber ich weiß genau, daß sie nur zu

feige ist, um mitzugehen. Der Versuch, sie umzustimmen: »Ein bißchen kannst du doch noch bleiben, komm doch mit...«, schlägt fehl, Anita läuft nach Hause, und ich gehe alleine mit den größeren Kindern über einen schwarzen Ascheweg auf den Schuppen zu.

Herr Rennebaum hat eine simple Erklärung: »Das sieht aus wie Doktorspiele. Sie haben Doktorspiele gemacht, wie Millionen Kinder auf der Welt! Es war spannend, die Größeren zeigten es den Kleineren, und alle hatten den Eindruck, dabei wären Erwachsene fehl am Platz.«

Mit dieser Interpretation bin ich nicht einverstanden, aber eine andere habe ich auch nicht.

Sven will mit mir schlafen. »Nur mal auf dich drauflegen«, sagt er, »du brauchst keine Angst zu haben, ich tue dir nichts«, und gibt mir einen Kuß. »Nur mal fühlen, wie das ist. Schau mich doch an! Das bin doch ich!«
Seine Augen befinden sich unmittelbar vor meinen, die gesprenkelte Iris leuchtet braun. Mein Blick tastet sein Gesicht ab, ich kann es kaum erkennen, er hat den Mindestabstand unterschritten, die Tiefenschärfe stimmt nicht mehr. Trotzdem halte ich mich daran fest, will es als Wegweiser durch die atemberaubende Häßlichkeit meiner Blockaden benutzen. Die Falten seiner Augenlider, so vertraut wie der tiefe Klang seiner Stimme, jedes Haar seiner Wimpern in den flach auslaufenden Augenwinkeln ... mein Mann, mein Geliebter.
Im nachhinein ist es unverständlich, wie es passieren kann, daß trotz dieser Wegmarken die Orientierung verlorengeht. Was läuft da ab? Warum erkenne ich ihn nach einigen Schlägen meines Herzens nicht mal mehr? Es ist egal, was ich tue, wie intensiv ich ihn anschaue, mein Gehirn scheint das Bild, das ihm von den Augen übermittelt wird, nicht mehr verarbeiten zu können. Sven könnte ein Monster sein, King-Kong, ein Menschenfresser oder ein Märchenprinz, es ist egal, ich kann ihn nicht identifizieren.
Jetzt hat er mir seinen Penis zwischen die Beine geschoben, ich habe es kaum bemerkt. Warum soll ich mich wehren, wenn ich ihn nicht wahrnehme?
Er dreht sich zur Seite, legt sich neben mich, ich kann mich wieder bewegen und benutze den Freiraum, um mit meinem Oberkörper von ihm abzurücken. Ob er es spürt? Er läßt sich nichts anmerken, bewegt sich rhythmisch, mit langen Pausen. Könnte ich ihn spüren, wäre es wahrscheinlich sehr schön.
Er küßt mich, drückt sanft auf die Zunge ... die ganze Zeit hat er gesprochen, obwohl ich nichts gehört habe, erst jetzt begreife ich: »... du, ich bin es doch, hei du, hörst du mich

nicht...«, und langsam, in Zeitlupe, scheint sich eine Tür zu öffnen, ein elektrisch gesteuertes Tor, das sich auf Schienen nach außen schiebt...

Ich höre ihn nicht nur, nein, ich fühle auch was.

Herrgottnochmal, ich fühle seine Berührung an meinem Körper, ein sanftes, liebevolles Streicheln, es durchdringt mich von innen heraus... Sven...

Jetzt sehe ich seine Augen anders, voll Liebe und Freude, sehr mild, tief, ganz ohne Vorbehalt. Seine Hände liegen auf meinem Rücken, liebkosen die Rippen, da werden Endorphine ausgeschüttet, wie ich weiß, seit Winfried mich aufgeklärt hat. Endlich kann ich mitmachen, ihn spüren, selber aktiv sein. Ich presse meinen gespannten, zurückgebogenen Leib an ihn, lachend, seufzend, jubelnd, ja, mein Geliebter, hier bist du, und vor dir, hier vor dir, das bin ich, und ich freue mich, ohne Scham, ohne Reue, mein Sven.

Ich bin nackt, meine Brüste brennen, ich will dich, und ich habe keine Angst mehr.

Herrn Rennebaum will ich das nicht schildern. Geht es ihn denn etwas an? Es ist doch Svens und meine Sache. Aber die Weigerung, darüber zu sprechen, macht ihn mißtrauisch: »Wollen Sie nicht, dann ist es ohne weiteres akzeptabel, schließlich ist es Ihr Leben; oder können Sie nicht? Dann wäre es eine Blockade, die wir nicht kampflos hinnehmen sollten!«

Das Gespräch gestaltet sich problematisch. Am schwierigsten wird es, als ich die Einzelheiten schildern will. Ich habe furchtbare Angst. So sehr, daß ich wie eingefroren auf dem futuristischen Stuhl sitze und mit den Zähnen klappere. Erst als ich mich hinlege und zudecke, wird es etwas besser. Was ich erzählen sollte, steht wie ein Bild deutlich vor mir: eine Frau – das bin ich – auf dem Rücken, Beine gespreizt, Sven dazwischen, er faßt mich an, ich könnte schreien vor Angst.

Der Therapeut versteht das nicht: »Haben Sie in der Situation auch Angst gehabt?«

»Nein, da hätte ich jauchzen können vor Glück und Begehren!«

Jetzt wird Rennebaums Stimme neben mir drängend: »Lassen Sie nicht soviel Angst zu, das führt zu nichts, reden Sie darüber, fassen Sie es in Worte, wovor haben Sie Angst? Wer könnte Ihnen was tun? Ihr Vater?«
Ja, es war Papi, der da mal wieder ungerufen aufgetaucht war. Er droht, mich zu schlagen, er will mich verletzen, er faßt mich an und beleidigt mich: ›Du Hure, du bist der letzte Dreck!‹
Der Therapeut will wissen, ob ich denn Skrupel hätte, wenn ich an den Abend mit Sven zurückdenke, und da fällt mir die Antwort so leicht wie selten: »Nein, ich habe keine Skrupel!« Mit weichem, sinnlichem Kribbeln denke ich daran zurück, es macht mich immer noch an.
»Darum geht es«, sagt Rennebaum. »Die positiven Gefühle müssen einen immer größeren Abstand zu der Bedrohung bekommen, die Sie so deutlich spüren. Auch der letzte Winkel in Ihrem Inneren muß begreifen, daß niemand mehr da ist, der Sie schlagen oder abschätzig behandeln könnte. Mit welchem Recht auch?«
Später reden wir über die Schwierigkeiten, die ja trotz allem anfänglich da waren. Vielleicht habe ich mich einfach daran gewöhnt?
»Nein, bestimmt nicht«, antwortet Herr Rennebaum. »In dieser Hinsicht funktioniert der Mensch wie eine Kosten-Nutzen-Analyse. Wenn ein Verhalten nichts mehr bringt, wird es abgelegt. Ihr Abschalten erfüllt seinen Zweck. Das ist ein toller Mechanismus. Er erspart Ihnen jede überflüssige Anstrengung. Wenn Verteidigung unmöglich ist, weil sie keine Aussicht auf Erfolg hat, wäre es sinnlose Verschwendung, in eine Abwehrhandlung Energie zu investieren. Sie können nicht aufhören, sich zu wehren, weil Sie die Situation als bedrohlich empfinden, Sie können sie aber nicht ändern – also schaltet Ihr Unbewußtes die Wahrnehmung ab, oder Sie schlafen ein. Damit haben Sie ein Dilemma gelöst, aus dem es keinen Ausweg zu geben schien. Genial, nicht? Diese Methode haben Sie scheinbar bereits als Kind verwendet, wenn Sie weder Streicheln noch Schlagen, noch andere Berührungen spüren wollten.«

Zum erstenmal schaue ich mit Anteilnahme, Verständnis und sogar einer leisen, verhaltenen Bewunderung auf das magere Mädchen mit den langen Zöpfen. Es ist ein erster Schritt der Aussöhnung.
Natürlich ist der eingeschlagene Weg aus heutiger Sicht unsinnig, er versperrt alle positiven Möglichkeiten. Und in der Folge wurde er noch dazu überflüssig, denn seit ich erwachsen bin, liegt keine Gefahr mehr vor
– aber trotzdem...
Früher, als ich ganz allein auf mich gestellt war, hat er ein Überleben ermöglicht, egal, wie eingeschränkt; damals gab es keine Alternative. Wenn ich das als Kind geschafft habe, sollte es mir dann heute, als Erwachsene und mit der fachkundigen Hilfe eines Therapeuten, nicht gelingen, auch alle verschütteten Fähigkeiten wiederzubeleben und die kommenden Jahre besser zu gestalten?

Manchmal habe ich auch angenehme Erinnerungen.
Papi liegt im Bett, sonntags morgens. Wir schlafen länger, er liest noch ein bißchen, und ich komme dann zu ihm ins Bett. ›Mein Kleines‹, sagt er zu mir, ich bin sein Liebling, er zieht mich uneingestandenerweise vor, und mein Bruder ist eifersüchtig. Mir leuchtet nicht recht ein, wieso. Er will ja nicht mit Papi schmusen, das tue nur ich. Papi ist der wichtigste Mensch in meinem Leben, und ich sehe ihn ohnehin viel zu selten. Er hat ununterbrochen Arbeit mit seiner Firma. Aber am Sonntagmorgen, da gehört er mir. Ich setze mich auf seinen mächtigen, aufgeblasenen Bauch, throne oben wie auf einem Gummiball und zupfe an den Haaren auf seiner Brust.
Es stört mich nicht, daß er so dick ist. Ganz im Gegenteil. Es macht Spaß, mit ihm zu spielen. Ich hopse auf ihm herum, taste mit meinen Fingern seinen Bauch ab, haue drauf und höre, wie der Schlag in ihm nachdröhnt.
Kein Ekel, kein Widerwille.
Ich bin gern bei ihm, und auch ihm macht das Spaß.
Wieso und warum änderte sich das dann? Wie kann es sein, daß ich jetzt manchmal seine Haare an meiner Wange spüre? Da mußte er ja auf mir gelegen haben!

Der Therapeut will wissen, zu welchem Zweck sich mein Vater denn auf mich draufgelegt haben könnte. Darüber kann ich nur lachen:
»Mir würde das im Traum nicht einfallen. Ich kann mir nicht erklären, zu was das gut sein sollte. Besonders dann nicht, wenn die Größenverhältnisse so extrem auseinanderklaffen.«
Erst Tage später, als ich mit Sven über diese Geschichte rede und er mich wegen meiner Begriffsstutzigkeit aufzieht, geht mir die Bedeutung von Rennebaums vorsichtigen Fragen auf.
Das sieht verdammt komisch aus.
Unmöglich.
Das kann doch nicht stimmen!
So lange suche ich nun nach der Wahrheit. Alles in allem acht Jahre.
Auf *die* Variante bin ich noch nie gekommen.
Papi, ich habe dich geliebt... und du... du warst ein...
Selbst wenn ich es nur denke, muß ich flüstern.
Bevor man so etwas ausspricht, müßte man wohl eindeutigere Beweise haben.

Aber die Vergangenheit bleibt rätselhaft. Bei einer anderen Sitzung sehe ich die Umgebung undeutlich. Großblumige Rosen leuchten auf der Tapete, und dazwischen liege ich auf einer goldenen Zierdecke, die grünlich schimmert. Der Mann vor mir ist nicht zu erkennen. Er ist nah, er steht ohne Kopf zwischen meinen Beinen. Wer könnte es sein? Ich setze versuchsweise das Gesicht meines Vaters auf diesen Torso, nur um zu sehen, ob es schlüssig ist, doch die Antwort bleibt aus.
Er könnte es sein, er könnte es genausogut nicht sein.
Unsere Suche nach der Vergangenheit endet an einer Mauer aus Schweigen.
»Wenn ich es cool betrachte, sieht es wie Inzest aus...«, sage ich leise zu Herrn Rennebaum.
Er wirkt nicht überrascht.
»Erschreckt Sie das?« fragt er.
»Ja«, sage ich.
»Meinen Sie nicht«, versucht er unseren Überlegungen eine neue Nuance hinzuzufügen, »daß bereits bei den Prügelszenen die erotische Komponente sehr stark war?«
Will er mir erklären, daß es ohnehin keinen Unterschied mehr macht?
»Nein, das nicht. Wenn es wirklich Inzest war, ist das Tabu, das alles umgibt, noch wirkungsvoller und die Verwirrung noch schlimmer. Aber auch ohne das haben Sie den Eindruck bekommen, Sie würden sexuell gereizt und für Ihre Gefühle geschlagen. Und wenn die Ejakulation, die da bei Ihnen im Gesicht gelandet ist, von Ihrem Vater war, dann kann man sowieso von Inzest sprechen.«
Das hatte ich total vergessen.
»Aber ich nicht«, sagt Herr Rennebaum.

»Ist es überhaupt wichtig, daß ich mich erinnere?« frage ich ihn, müde von der ewigen ergebnislosen Sucherei.

»Doch, es ist sehr wichtig«, meint er.
»Warum?«
»Zunächst liegen unter dieser Schicht von Negativem alle Ihre positiven Möglichkeiten. Sie waren ja nicht immer vorsichtig, zurückhaltend und mißtrauisch. Denken Sie an früher, bevor Sie sich verändert haben!«
Das Kindergartenkind fällt mir ein, das ich einmal gewesen bin. Unternehmungslustig, ohne Bedenken und mit umwerfend guter Laune. Zum Geburtstag hatte es einen Mantel geschenkt bekommen, auf den es sehr stolz war. Rot leuchtete er, wie die Mütze von Rotkäppchen, und außerdem hatte er zwei Reihen blinkender Goldknöpfe und einen schwarzen Samtspiegel am Kragen. Er stand dem Kind gut, alle bewunderten es, und das Mädchen nahm die Huldigungen großzügig entgegen.
Es lebte so gern.
Auf allen Spaziergängen lief es voraus, es wollte die Vorhut machen, auch wenn der Weg schlecht markiert und schwer zu finden war. »Unsere wilde Hummel!« sagten die Erwachsenen. Sie hatten kein Verständnis für solchen Eifer, ihnen fehlte die Neugier.
Das Mädchen hatte sie noch, wollte auf jedem Berg als erste oben sein, wollte runterschauen und bewundern. Alle Königreiche der Welt lagen dahinter, und es war so gespannt auf sie. Die ganze Welt wartete auf Annelie.
»Sehen Sie, das meine ich«, erklärt der Therapeut. »Da müssen Sie wieder hin. Wenn Sie wissen, was Sie so verändert hat, ist es nur noch ein Ereignis in der Vergangenheit, das Sie heute vielleicht anders bewerten, das Sie einordnen können.
Damals ist Ihnen die Grundlage Ihres Lebens abhanden gekommen.
Solch einen Werteverlust will die Psyche auf jeden Fall vermeiden; das sind Erlebnisse, die an den Rand des Abgrunds führen. Sie haben ganz plötzlich die Welt nicht mehr verstanden und daraus den Schluß gezogen: Wenn das passieren konnte, bin ich schlecht. Allen Ihren Fähigkeiten stehen Sie seitdem argwöhnisch gegenüber, als ob sie in Wirklichkeit nicht zu Ihnen gehörten. Doch vage, wie Ihre Erinnerung jetzt ist, kann sie als Begründung für *alles* herhalten; jede Form der Angst vor

jeder beliebigen Sache läßt sich dadurch rechtfertigen. Ahnungen lassen sich vorzüglich als Mittel zum Zweck einsetzen und dienen so genau dem Schema, aus dem Sie rauswollen.«

»Was soll ich denn machen, um endlich sicher zu klären, wie das damals war?«

»Mit Gewalt geht das nicht«, sagt er. »Das Tempo bestimmen Sie selber. In dem Maße, wie die Angst schwindet, werden Sie genauer sehen, was sich abgespielt hat. Stellen Sie sich mal vor, Sie würden sich erinnern und dieser Teil Ihrer Persönlichkeit wäre nicht gereift, Sie würden empfinden wie mit acht oder neun oder zehn Jahren... dann müßten Sie dieselbe Panik nochmals erleben. Das wäre nicht sinnvoll. Darum forciere ich Erinnerungen nicht. Ich fürchte, Frau Karedig, Sie können nichts anderes tun, als das, was Sie bereits angefangen haben: sich schrittweise an dies Kapitel Ihrer Vergangenheit herantasten...«

In dieser Nacht träume ich von Herrn Rennebaum. Er steht nackt in unserer Dusche, nur an seinen dünnen Haaren erkennbar. Sein Körper ähnelt Svens. Er hat ein Handtuch in den Fingern und blickt scheu zu mir herüber. Ich bin verlegen, aber ohne Angst, und schaue ihn auch an. So sieht er also aus! denke ich und bin erstaunt über die helle, auffallende Blässe seines Körpers. Es ist mir recht, daß er mich sehen kann, und ich schäme mich nicht, obwohl ich nackt bin.

Beate ist krank. Sie hat kaum geschlafen – ich natürlich auch nicht –, ein quälender Husten schüttelte sie stundenlang, ihre dunklen Locken klebten an der Stirn, und erst auf meinem Arm hörte sie auf zu stöhnen. Heute morgen ist sie vor Erschöpfung mit hohem Fieber eingeschlafen, und ich habe mich kurzfristig entschlossen, die Therapiestunde doch nicht ausfallen zu lassen, eine Nachbarin paßt zu Hause auf, wahrscheinlich bin ich zurück, bevor Beate aufwacht.
Auch Herr Rennebaum ist krank. Ständig muß er sich die Nase schneuzen. Es ist eine Wohltat, mal zu erleben, daß *er* die Taschentücher verbraucht und nicht immer nur ich.
Die Müdigkeit hängt mir noch in den Knochen, und in der Entspannung ist der Übergang zwischen Jetzt und Früher kaum zu spüren.
Ein gesichtsloser Jemand kommt auf mich zu, ich weiche zurück, bis ich an der Wand anstoße und nicht mehr weg kann. Schwerer Druck auf der Schulter, ein Schlag auf den Bauch... der Schuppen... Ich drifte in Alpträume ab, ohne Angst diesmal, sondern neugierig, bis ich spüre, wie mich ein Mann fickt, wütend.
»Wer ist das?« fragt Rennebaum und erhält wie immer die Antwort: »Ich kann das Gesicht nicht erkennen.«
Ich muß mich zusperren vor dieser Gewalt, die mich zerstören will, und weiß nicht, wie. Wenn ich mich drehe, sieht er mich genauer an; ich kann ihn mit meinen Schenkeln nicht aufhalten, ich muß die Beine noch weiter spreizen, er ist stärker als ich, meine Knie drehen sich nach außen, Scheide und Anus liegen vor ihm, ich spüre seine Knochen. Er stößt mit aller Kraft zu, um mich zu verletzen. Es tut weh, ich rutsche jedesmal ein kleines Stück weiter, bis ich am Kopfende des Bettes anstoße und nicht mehr ausweichen kann. Jetzt muß ich Kraft aufwenden, um mich nicht weiter hochschieben zu lassen, jetzt muß ich ihm die Illusion geben, sein brutales Liebesspiel zu genießen.

Es ist keine Aggression da, keine Angst, nichts. Einfach nichts. Ich bin in ein Loch gefallen, in dem ich nur noch aus Rennebaums Gegenwart die Gewißheit ziehen kann, zu leben.
Er sitzt neben mir.
»Das strengt an«, sagt er, »bleiben Sie noch ein wenig da, aber setzen Sie sich auf. Ihre Betrachtungsweise hat sich geändert. Sie gehen anders damit um.«
»Ja, distanzierter.«
»Nein, das ist es nicht«, meint er bedächtig und schaut lange in mein verheultes Gesicht, von dem ich mit den Tränen auch das Make-up weggewischt habe. »Obwohl Sie Ihren Vater immer noch durch Ausblenden schützen, sind Sie auf einer anderen Ebene näher dran.«
»*Ich* blende doch nichts aus! Es ist einfach nicht mehr zu erkennen.«
Herr Rennebaum ist anderer Ansicht: »Sie torpedieren das selber. Ständig erinnern Sie sich an alles mögliche, aber eben gerade nur so viele Details, daß kein vollständiges Bild draus wird. Gerade nur soviel, daß nie klar ist, wie die Abläufe im ganzen waren. Gerade nur diese Stücke der Personen, die dann die Möglichkeit offenlassen, daß es sich um einen Fremden handelt, obwohl bereits viele Einzelheiten deutlich sind, von denen man annehmen sollte, daß sie nach der Länge der Zeit vergessen wären... Sie reden zwar darüber, daß Ihr Vater Sie geschlagen hat, aber Sie sind sich nicht sicher, ob er es war, der Sie sexuell berührt hat, und wenn Sie sich an konkrete Handlungen erinnern, fragen Sie sich permanent, ob es nicht jemand anderes war.«
Er schaut mich an.
»Gab es denn sonst noch Männer dort? Wie wahrscheinlich ist die Theorie von einem weiteren Mann?«
Objektiv betrachtet ist sie äußerst unwahrscheinlich, das muß sogar ich zugeben.
Meine Güte, was soll ich nur mit diesen Fragmenten anfangen, wie soll ich mit einer halben Geschichte leben? Immerhin ist es meine Vergangenheit, ein Teil meines eigenen Lebens, der sich so hartnäckig verschließt.
Aber mein Haß und meine maßlose Wut sind weg. Ich bin trau-

rig und bekümmert über alles das, aber es löst nicht mehr den Wunsch nach Rache aus. Papi liegt in seinem Grab, kalt, verwest, zwei Meter unter der Erde. Soll er doch. Ich habe es nicht nötig, hinzugehen und ihn anzuspucken.

Was ich in den Therapiestunden mache, ist eine Art Schattenboxen. Nur kraft der Konzentration und Intuition heben der Therapeut und ich die Ungeheuer aus dem Sumpf. Wie der Gnom im ›Krieg der Sterne‹. Der ermuntert seinen Zögling mit verdrehten Sätzen: glauben du mußt... vertrauen du mußt... nicht unmöglich es ist...

Herr Rennebaum und ich, wir heben die Schatten der Gespenster, und dann müssen wir sie anleuchten, betrachten, erkennen und begraben.

Genaugenommen hat der Therapeut die Aufgabe des Gnoms: anleiten, ermuntern, in den Hintern treten.

Ich vergesse die Gespräche in dem Moment, wo ich die Tür der Praxis hinter mir zumache, und weiß bereits in der nächsten Stunde nicht mehr, worüber wir gesprochen haben. Wenn ich den Therapeuten dann frage, sagt er Sachen wie: »Die Szene im Schuppen, Ihr Vater... die Schläge, Ihr Gefühl, im Gesicht verschmiert zu sein...«, und ich höre voll Erstaunen dies wüste Sammelsurium böser Schlagworte.

Sven holt mich jetzt manchmal von den Stunden ab. Er legt mir den Arm um die Schulter, schüttelt mich und verlangt, daß ich ihn anschaue. Hin und wieder reden wir noch über das Gespräch mit Rennebaum; die Stimmung dort, die Erschöpfung, die Erleichterung, die neuen Erkenntnisse, aber häufig ist das nicht nötig, aus der undistanzierten Kindererinnerung ist etwas anderes geworden, ein Geschehen, das eine Erwachsene beobachtet, die später relativ leicht in die Realität der Gegenwart zurückfindet.

Wir haben Hochsommer, es ist sehr heiß. Sven trägt unsere Fahrräder aus dem Keller, und wir unternehmen lange Touren, Beate noch im Kindersitz. Am Sonntag sind wir zum Abschluß unseres Ausflugs in die verkehrsberuhigte Innenstadt gefahren, um ein Eis zu essen.

Die Straße glühte, die Häuser spulten sich links und rechts ab wie ein Band, dann kamen wir an einen Platz, alles weitete sich, die Freifläche mit Bäumen und Blumen war wunderschön, an der Seite eine Kirche, und wie aus alter Gewohnheit dachte ich: Es wäre trotzdem besser, wenn du tot wärst.

Doch da, nach dem stundenlangen Radeln durch kühle Wälder oder über heiße Straßen, mochte ich mich dieser Logik nicht mehr beugen.

Warum denn? dachte ich mir. Was wäre besser, wenn es mich nicht gäbe?

Ich habe doch auch ein Recht darauf, das zu erleben. Die Welt ist phantastisch, voller Überraschungen, und ich will sie auskosten, bis zur Neige, ich habe viel nachzuholen...

Am Freitag war ich gleich zweimal bei Rennebaum, er hatte am Nachmittag noch mal Zeit.

Jemand hielt meinen Kopf fest, ich konnte nicht weg, und spritzte mir in den Mund.

»Können Sie sein Gesicht sehen?« fragt der Therapeut. »Wer ist das?«

Ach, der Rennebaum mit seinem Spürsinn.

Er liegt völlig daneben, es interessiert mich im Moment nicht, wer das ist. Seine Fragen stören mich, ich will weiter verfolgen, was da passiert ist, aber die Szene bricht ab. Statt dessen sitze ich im Badezimmer meines Elternhauses und fühle mich wie ein kleines Kind. Ich hocke auf dem Boden und versuche mit dem Spiegel meine Scheide anzuschauen. Eine Kinderscheide wie Beates, winzig klein, ich war ganz erschüttert, als ich sah, wie klein, letzte Woche, als ich sie eingecremt habe, weil sie wund war. Meine war kaum größer. Man könnte nicht mal einen Bleistift hineinschieben.

Ich sitze vor dem Badeofen und versuche zu verstehen, was das bedeuten könnte: Mir tut etwas weh, was ich nicht sehen kann, egal, wie ich den Spiegel drehe. Der Spiegel ist so ein billiges Ding mit Plastikrückseite und Zelluloidkante. Bei uns im Haus gab es nur den einen Handspiegel. Nicht so wie heute, wo überall welche rumliegen, und so mußte ich mich ins Badezimmer schleichen, zwischen die gelblichen Kacheln, und mit Herzklopfen das häßliche Ding benutzen. Ich sehe trotzdem nichts. Wie kann dann da etwas sein?

Was war das?

Eine Verletzung?

Mir ist etwas passiert, für das ich keine Erklärung habe. Unbenennbar, daher riesig, bedrohlich, nicht einzuordnen. Ich kenne niemanden, den ich fragen könnte, ich sitze nur da und versuche etwas zu sehen, wo nichts ist, um über die körperliche Seite zu einem Verständnis zu gelangen. Aber es geht hier

ebensowenig wie später, als ich versuchte, Striemen zu zählen, um mir darüber klarzuwerden, ob mich Papi nun arg oder nur ein bißchen geschlagen hatte.
Ich sitze da auf dem Badezimmerboden und weiß definitiv, daß ich damit nicht zurechtkomme. Jemand hat mich gezwungen, eine Kröte zu schlucken, und ich konnte mich nicht wehren.
»Wer war das?« schwebt die Frage des Therapeuten im Raum. Dieser Idiot!
Ich habe alles das eingekapselt, um zu überleben, und nun, wo es endlich sichtbar wird, kommt er daher und hilft mir nicht, gibt mir nicht das Gefühl, mein Begleiter zu sein, der an meiner Seite. Er sitzt neben mir, kapiert gar nichts, fragt nach gordischen Knoten und nach meinem Vater, anstatt nach diesem Kind, und verarscht mich noch zum Schluß.
»Warum wollen Sie weg?« fragt er jetzt.
»Weil ich diesen Zustand der absoluten Hilflosigkeit verlassen möchte.«
»O. K.«, antwortet er. »Verlassen Sie ihn. Stehen Sie auf.« Und dann: »Frau Karedig, ich lache nicht über Sie. *Sie* wollten doch weg!«
Aber ich werde auch ohne seine zynischen Bemerkungen wach.
»Sie sind unheimlich empfindlich.«
Warum tritt er mich, wenn ich ohnehin schon am Boden liege? Warum schlägt er weiter zu, ich spüre doch sowieso nichts mehr. Was soll das. Das, was ich herholen möchte, verschließt sich auf diese Weise noch mehr.
Wenn er schlecht drauf ist, braucht er das doch nicht an mir auszulassen. Sein Spürsinn in allen Ehren, aber allein war ich damals schon, ich will ihn neben mir sehen und nicht erleben, wie er wie ein Jagdhund der völlig absurden Fährte ›Vater‹ nachhetzt.
Bei unserem Gespräch am Nachmittag habe ich ihm deutlich gesagt, daß mir sein Verhalten nicht paßt.
»Das wußte ich schon!« antwortet er. »Ich kann mich nur an den Bruch am Ende der Stunde erinnern, nicht an weitere.«
Das kann natürlich nicht so stehenbleiben, ich helfe ihm schon auf die Sprünge.

»Ganz gleichmäßig kann ich nicht sein, und das will ich auch nicht«, umrahmt er seinen Standpunkt.
»Und ich will mich nicht hilflos fühlen und dann eine flapsige Bemerkung hören«, setze ich dagegen.
»Das ist verständlich!« räumt er ein.
Schlagartig falle ich nach dieser klärenden Auseinandersetzung wieder in das Badezimmer zurück. Ich sitze auf dem Fußboden, wundere mich über die zwei Fenster – eins ging völlig unmotiviert in einen Flur – und sehe dann Papis Bademantel neben der Tür hängen. Dunkelblau mit hellen Streifen. Mir ist übel. Mein Bauch zieht sich zusammen, es tut richtig weh. Ich habe den Mund voll mit undefinierbarer Masse, mein Gesicht ist klebrig wie von Spucke...
Auskotzen, wenn ich es doch erbrechen könnte! Wieder sauber werden, saubere Zähne, sauberer Mund, reine Finger, sauberes Gesicht!
Alles das werde ich nicht kriegen, auch wenn ich noch so weit laufe, mich im Garten verstecke, mich notdürftig reinige und dann ins Badezimmer schleiche, um mir den Mund zu spülen.
Ich ekle mich unsagbar, ich kriege kaum mehr Luft vor Ekel. Gehört das nun zu mir, wenn ich es runtergeschluckt habe? Ekle ich mich nicht damit vor mir selber? Wie schnell muß ich sein, um es auszuspucken, damit es nicht ein Teil von mir wird? Wer sagt mir, daß ich nicht zu langsam war, daß doch noch was in meinem Bauch ist? So schnell kann man nicht ausspucken, was man geschluckt hat...
»Sie wechseln die Ebenen rasend schnell«, meint Rennebaum, als ich lachend bemerke, es wäre ja wirklich nicht nötig, daß mir hier und jetzt so speiübel sei.
Ebenenwechsel ist ganz einfach. Sven ist mir eingefallen: »Du kannst dich prachtvoll ekeln!«, und sein kleines Lachen.
Und dann finde ich noch etwas ganz anderes, eine Gewißheit, die völlig neu ist:
»Das ist schlimm«, sage ich zu Herrn Rennebaum, »das ist etwas ganz Schlimmes.«
Obwohl ich niemanden identifizieren konnte, bin ich absolut sicher: »Wenn ich wollte, könnte ich ihn deshalb ins Gefängnis bringen – vorausgesetzt, ich finde jemanden, der mir glaubt.

Das darf er nicht.«

Es ist ein irres Machtgefühl.
Ich habe ihn in der Hand.
Und ich hab' ihn nicht verraten, ich liebte ihn doch.

Jedesmal, wenn er mich gerufen hat, um mich wieder zu schlagen, wenn er mir die Hand auf die Schulter gelegt hat, wenn er mich mit seinen abwesenden Augen angeschaut hat, dann habe ich mein Versprechen erneuert. Es war, als wollte er immer wieder überprüfen, ob es noch gilt.
Wenn er mich verprügelt hat, habe ich den Schwur erneuert, und je brutaler er war, desto mehr:
›Papi, du kannst dich auf mich verlassen, ich sage nichts weiter, ich schütze dich... Ich liebe dich, egal, was du tust...‹
Aber warum ich daran festhalte und was da zu verstecken ist, das hatte ich vollständig vergessen.

»Sie müssen anerkennen, daß Sie Beteiligte waren, daß Sie mitgespielt haben, auch wenn Sie panische Angst davor haben... Schließlich heißt das nicht, daß Sie verantwortlich wären«, versucht Rennebaum zu erklären, »die Verantwortung für solche Taten liegt immer bei dem Erwachsenen. Der Vater ist für die Tochter ein Übermann, da gibt es nur einen, und der ist absolute Spitze... Seinem Lustgewinn – oder was immer er aus dieser Beziehung gezogen hat – stand Ihre Macht gegenüber, sehen Sie das? Sie hatten als Kind Macht über den Erwachsenen, den Sie vor allen anderen geliebt haben, und darum haben Sie mitgespielt.«
Rennebaum gibt sich die größte Mühe, aber darüber will ich mit ihm nicht weiter sprechen.
Dies Thema ist tabu.
Das ist off limits.
Es geht niemanden was an, nur Papi und mich.
Das müssen wir allein miteinander ausmachen.

Ich will ihm die Maske vom Gesicht reißen, hinter der er sich versteckt. Ich will ihm nicht mehr erlauben, mit seiner stets gutsitzenden Krawatte, dem ordentlichen Hemd, dem sauberen Anzug, der korrekten Steuererklärung den Biedermann zu spielen. Jeder soll ihn so sehen können, wie ich ihn mir jetzt vorstelle: nackt, den dichten Pelz seiner grauen Haare wie ein Wahrzeichen seiner Männlichkeit vor sich herschiebend, mit halb geschlossenen Augen ein Kind fixierend, das gerade erst schulreif ist. Jedermann soll seine Hände sehen, wie sie über meinen Rücken streichen, wie sie die Haut über dem Babyspeck liebkosend abtasten, bis ihnen dann der Rücken nicht mehr reicht, bis er mir zwischen die Schenkel faßt, mit Zeige- und Mittelfinger die Schamlippen spreizt, dann feststellt, daß dieser Eingang eindeutig zu klein für ihn ist...

Jedermann soll ihn sehen, wie er mich festgehalten und umgedreht hat, riesige Hände auf einem kleinen Körper, seine spekkigen Arme, mit denen er mich hochgehoben und auf seinen Penis gesetzt hat.

Was war das?

Ein Kavaliersdelikt?

Habe ich dich verführt, Papi? Bist du den Reizen deiner Tochter erlegen, die sich mit aller Kraft bemüht hat, dich rumzukriegen?

Man müßte durch die Erde durchgreifen können, ihn an der Krawatte aus seinem Grab holen; ranziehen und anherrschen: Du Schwein! Wie kommst du dazu, was hast du damals gemacht? Sag's endlich lückenlos! Laß raus, was passiert ist! Zeig dich einmal, nur ein einziges Mal *ganz*, mit Körper und Kopf, zeig mir doch einmal ein vollständiges Bild, das ich anschauen und begreifen kann!

Nichts kann schlimmer sein als diese Ungewißheit mit vielen Verdachtsmomenten.

Wochenlang überlege ich mir, wie er die Sache gesehen haben könnte. Ich spiele die Varianten durch, um der Wahrheit näherzukommen. Was hätte er zu seiner Verteidigung angeführt?

Würde der Sachverhalt, so wie er sich darstellt, zu einer Verurteilung reichen? Wie hätte sich unser Verhältnis in einem Prozeß ausgemacht?

Die Idee läßt mich nicht los.

Ein Prozeß! Das wär's wohl gewesen. Aber mein Vater ist tot. Trotzdem überlege ich, was er gesagt haben könnte.

Es war doch nur einmal, Herr Richter. Nur ein einziges Mal. Das kann doch keinen Schaden angerichtet haben.
Stellen Sie sich das doch einmal vor:
Sie hören Geschrei, die Sekretärin – ihre eigene Sekretärin! – kommt und sagt, dort sollte man wohl mal nachschauen, die ganze Blase wäre da im Schuppen, nicht, daß die noch was anstellen, man kann ja nie wissen, so viele Kinder, denen fällt doch immer was ein, und der Horst ist auch dabei.
Ich gehe dann tatsächlich da hin.
Der Schuppen strahlt schon so was aus, was Übles, Schillerndes, wie Fleischfliegen, wenn das Licht grünlich auf ihnen schimmert. Man sollte halt immer vorher wissen, was passiert, dann könnte man sich viel ersparen. Aber ich wußte es auch nicht, und hinter mir stand schon die Sekretärin.
Und dann kommen wir da rein, die Tür klemmte mal wieder, ich mußte mit beiden Händen ziehen, das war so ein großes, altes Holztor, das auf dicken Rollen lief.
Wir kommen also da rein, zuerst kann man nichts erkennen, draußen das helle Sonnenlicht, da drinnen so dunkel, alles schemenhaft, nur der Ausschnitt der Tür auf dem staubigen Lehmboden war hell erleuchtet, wie mit einem Scheinwerfer.
Und genau in diesem hellen Fleck auf den Sägespänen und dem Hühnerdreck am Boden, mitten in der Runde der größeren Kinder, deren Gesichter im Halbdunkel verschwimmen, mitten in diesem Quadrat sitzt meine Tochter.
Halbnackt, Hände zwischen den Beinen, schuldbewußtes, erschrockenes Gesicht, hochrote Wangen, Augenbrauen zusammengezogen.
Es ist diese Mischung aus Angst und Verlegenheit, Erschrekken und etwas anderem, Unbenennbarem, es ist ... ja, am ehesten könnte man es als Stolz bezeichnen, diese Mischung, die einen so schiefen, unguten Ausdruck aufs Gesicht zeichnet.
Meine Tochter!
Wenn sie sich wenigstens geschämt hätte! Aber diese Unverfrorenheit, mich so anzuschauen! Ein Lächeln im Gesicht! Vor

den ganzen Kerlen! Sämtliche Jungen der Nachbarschaft standen drumherum, alle viel älter als sie, das war doch nicht zu fassen, und da soll man nicht die Beherrschung verlieren! Meine Tochter, meine süße, liebe Tochter hier vor diesen lüsternen Kerlen, Rock hochgeschoben, einer fingert an ihrer Bluse rum, die Hose auf den Knien, gespreizte Beine und mit dem ›Ich weiß nicht recht‹-Lächeln im Gesicht.
Können Sie sich das vorstellen?
Was sollte ich machen? Da muß man doch was unternehmen, schließlich ist man ja als Erwachsener auch verantwortlich... Ich durfte mir meinen Schreck nicht anmerken lassen, die hätten sich alle schiefgelacht.
Als Chef ist man immer beobachtet, da darf man sich keine Blöße geben, wird alles als Schwäche ausgelegt. Das kann man sich gar nicht erlauben, kommt bei mir auch nicht in Frage.
Alle warteten drauf, daß ich was unternahm.
Etwas Einschneidendes, was der Situation angemessen war.
Bloß was?
Herrgottnochmal, das hätte wirklich nicht sein müssen. Ich schnapp' mir also das Gör, die gibt keinen Laut von sich, ›das haben wir gleich‹, sag' ich zu der Sekretärin, und ›ihr könnt euch auch schon mal auf was gefaßt machen‹, ruf' ich den anderen zu. Die drücken sich in die hinterste Ecke von dem vermaledeiten Schuppen. Die konnten ja nicht weg, ich stand in der Tür.
So ein Aufruhr!
Mittlerweile waren draußen Leute dazugekommen. Die neugierige alte Vettel aus dem zweiten Stock und auch ein, zwei Beschäftigte aus dem Betrieb, so was spricht sich rum wie ein Lauffeuer, und damals waren die Zeiten nicht wie heute. Der gute Ruf meiner Tochter war wohl für immer hinüber, aber ich bin doch nicht Schütze Arsch vom letzten Glied, daß ich das einfach so laufenlasse.
Das wäre ja noch schöner.
Ich klemm' mir also die Kleine unter den Arm, ›so was darf man gar nicht erst einreißen lassen‹, sagt einer von den Leuten draußen. ›Da hast du aber recht‹, sag' ich und lache und sehe erst in dem Moment, daß es unser Betriebsleiter war. ›'ne tüchtige Tracht ist das allerbeste.‹

Als ich mit der Annelie ins Schlafzimmer komme, hat sie immer noch diesen merkwürdigen Ausdruck im Gesicht, nur daß sie jetzt auch noch heult. ›Flenn doch nicht‹, sag' ich zu ihr, ›das hättest du dir früher überlegen sollen‹, und hole schon den Stock vom Schrank. ›Was hast du dir bloß dabei gedacht? Und ich hab' dir immer vertraut! Du bist ja der letzte Dreck! Das hätt' ich nicht von dir gedacht! Weißt du überhaupt, was die mit dir gemacht haben?‹ Und da macht sie doch tatsächlich den Mund auf und sagt ›nein‹!
Nein!
Na, das war doch die Höhe!
Lügt mir frech ins Gesicht!
So ein Luder... ab da habe ich nur noch vage Erinnerungen. Einfach zeigen, was da gelaufen wäre, was die mit ihr gemacht hätten, wenn ich sie nicht gerade noch erwischt hätte! So ging das doch nicht! Das mußte doch wohl geradegerückt werden! Und als ich auf ihr draufliege, wissen Sie, was ich da spüre? Ich habe sie kaum berührt, da fängt sie an zu stöhnen, windet sich hin und her, zuckt mit den Beinen, das war doch der Gipfel.
Es machte ihr Spaß!
Als ich das merke, werde ich fuchsteufelswild, richtig rasend. Was fällt ihr eigentlich ein, dieser kleinen Hure! Daß die sich nicht schämt!
Was zieh' ich nur für ein Kind groß, hab' ich mir gedacht, das kann doch nicht normal sein!... Und dann habe ich den Stock genommen und habe sie verdroschen. Ein für allemal, damit du's dir merkst, hab' ich ihr gesagt, vergiß das ja nie! Ich hab' sie geschlagen, bis ich nicht mehr konnte, ganz erschossen war ich danach.
Sie hat sich nicht gewehrt, hatte wohl doch ein schlechtes Gewissen. Nur zwischendrin mal, da hat sie gestrampelt und geschrien, bis ich ihr den Kopf unter die Bettdecke gesteckt habe, schließlich wollte ich nicht noch mal die ganze Nachbarschaft alarmieren.
So ein Flittchen... meine Tochter...
Wie alt sie da war? So acht, neun Jahre... so genau weiß ich das nicht mehr.
Ab jetzt war dies Bild in meinem Kopf. Ich bin's nicht mehr

losgeworden. Ihr Gesichtsausdruck, ihre Zuckungen... aber Verkehr habe ich nicht mehr mit ihr gehabt. Damals ja eigentlich auch nicht.
Sie war zu klein.
Ging nicht.
Es war wirklich nur das eine Mal, und das war doch mehr zur Erziehung, finden Sie nicht?
Später? Nein, später war nichts mehr. Ich hab' sie noch öfters geschlagen, aber nichts sonst. Sie war ein schwieriges Kind, ich konnte sie kaum bändigen. Nur Fünfer im Zeugnis, faul und aufsässig.
Was? Oralverkehr? Nicht, daß ich wüßte. Ist das wichtig?

Du lügst, Papi.
Du lügst.

Rennebaum sitzt in seinem Stuhl, ich gegenüber. Um die ganze Situation für mich zu repetieren – er da, ich hier, Sideboard und Sandbild an ihrem gewohnten Platz –, schaue ich kurz zu ihm hinüber. Seine blauen Augen strahlen mich an, genau wie Papis Augen, auch die waren tatsächlich – und sind noch heute, in meinem Kopf unverrückbar festgeschrieben – strahlend himmelblau.

Rennebaums Blick verändert unser Verhältnis, er hat ungeheuere Auswirkungen... Ich verschwinde unter diesem Blick, bis ich nicht mehr anwesend zu sein scheine, ich wünsche mich aus der Welt, hier will ich nicht sein, ausgeliefert in meinem Körper und meinem ganzen Wesen. Arglos habe ich meinen Fuß auf einen Überhang gesetzt, und nun rutsche ich mit dem Schneebrett in die Tiefe, unaufhaltsam...

Um dieser Panik zu entgehen, kann es nur eine Lösung geben: Flucht. Nur weg, so schnell wie möglich, so weit wie möglich, am liebsten für immer und alle Zeiten.

Was mir durch den Kopf geht, ist für Rennebaum nicht nachvollziehbar, ich sitze unbewegt auf meinem Platz, nur der Atemrhythmus und der Gesichtsausdruck haben sich verändert. Er hat es gemerkt und möchte, daß ich erzähle, woran ich gedacht und was ich empfunden habe.

»Wenn ich mit Sven schlafen will und er mich anschaut, passiert mir genau dasselbe. Ich erstarre ohne Grund, nur wegen dieses Blicks.«

»Wenn Sie eine solche Reaktion an Ihrem Mann festmachen, Frau Karedig, haben Sie es wieder geschafft, Ihren Vater herauszuhalten«, kommentiert Rennebaum. »Der liebe Papi bleibt ungeschoren.«

Der liebe Papi...

Als ich es endlich schaffe, wieder klar zu denken und zu erwägen, was das bedeutet, taucht unabwendbar die Feststellung auf: »Er hat mich ganz schön fertiggemacht.«

»Ja«, kommt die Bestätigung von meinem Gesprächspartner, »das kann man wohl sagen.«
Beruhigt von dieser Zustimmung sinke ich in einen schweren, entspannten Zustand, beschützt durch die Gegenwart des Therapeuten, abgeschirmt gegen Gefahren und dadurch in der Lage, der Neugier und dem Interesse Raum zu geben.
Wie schon so oft erinnere ich mich automatisch an mein Elternhaus, das ganze Drumherum, die Stimmung, den Ort, den Kirschbaum an der Straße, und dann auch an Details, die Hoftür, das Kachelmuster im Flur, von dem zahlreiche Türen abgehen. Jetzt erscheinen sogar Personen: meine Brüder, die Tante... und dann mein Vater. Er steht vor der Schlafzimmertür... er hat ein Kind unter dem Arm, dessen Brust sich kaum hebt und senkt, so, als ob es sich totstellen wollte.
Was ist damals passiert, hinter dieser Tür, durch die ich in meinen Erinnerungen nicht hindurchschauen kann? Was hat er da mit mir gemacht, um diese Angst und ihre katastrophalen Folgen hervorzurufen? Werde ich das nie erfahren und nie eine wirklich sichere Antwort erhalten?
Doch klarsichtige Liebe, Wut und Haß auf die Übereinkunft des Schweigens haben jahrelang ein kaltes Feuer gespeist, und aus ihm, aus dieser unbegrenzten Energiequelle, entsteht ganz ohne mein Zutun und meine Einwilligung eine Entschlossenheit, die nicht mehr bereit ist, sich mit geschlossenen Türen abzufinden.
Auf dieser Grundlage treffe ich jetzt für mich und ganz allein zu *meinem* Nutzen eine Entscheidung:
Ich werde mich nicht mehr von diesem Toten an der Nase herumführen lassen. Ich werde zu ihm gehen und ihn fragen. Er wird mich nicht mehr zu sich heranwinken. Heute zitiere *ich* meinen Vater zum Rapport.
Ein Augenblick, kurz wie ein Lidschlag, reicht aus, ihn erscheinen zu lassen. Er ist ein Schauspieler, dem eine Sekunde der Dunkelheit genügt, um wie von Zauberhand auf der Bühne zu erscheinen. Er sieht aus wie immer.
Hochaufgerichtet sitzt er mit finsterem Gesichtsausdruck auf seinem Bett und stiert mich an.
Entschlossen gehe ich auf ihn zu.

›Du!‹ sage ich, und mit diesem Wort, für das ich meine Lippen öffne, scheine ich ein Stück zu wachsen, während er verblüfft und zum erstenmal ein wenig unsicher wirkt.
›Du! Sag mir, was du gemacht hast!‹
Er sitzt nur da und antwortet nicht.
Er ist zu dumm, zu verbohrt und festgefahren in seiner Rolle, um zu sehen, daß ich mich verändert habe. Er spielt das alte Spiel weiter, ohne zu merken, daß ich ausgestiegen bin. Seine blauen Augen schauen zu mir hoch, faltige Augenlider unter weißmelierten, buschigen Brauen. So signalisiert er, was mich stets zum Schweigen brachte: Du sollst Vater und Mutter ehren! Halt dich zurück, ich bin eine Respektsperson!
Aber ich denke nicht daran, diesem Klischee weiter zu folgen.
Wenn er nicht bereit ist, freiwillig zu antworten, mache ich Druck:
›Antworte, oder ich puste dir das Hirn aus dem Schädel.‹
Erstaunlicherweise habe ich tatsächlich eine Pistole in der Hand, dieses stereotype Requisit unserer Krimis, so ein lächerlich kleines Ding, und ich bin entschlossen, meine Drohung in die Tat umzusetzen, der Lauf zielt bereits auf seine Brust, und ich hebe den Arm weiter, bis ich sein Gesicht im Visier habe.
›Ich puste dir das Hirn aus dem Schädel, du Arschloch.‹
Verblüffend klein sitzt er vor mir, er ist weiter geschrumpft mit seinem dicken Bauch, der behaarten Brust und den dünnen Beinen.
Auch sein Blick hat sich verändert.
Er hat ein entschuldigendes Lächeln im Gesicht, diesen Hundeblick, der immer die Forderung einleitete: ›Sag, daß du mich lieb hast!‹ Aber heute kann er mich damit nicht rühren. Er schaut von unten zu mir auf, antwortet nicht und bekommt eine Erektion.
An seinen hochgezogenen Schultern und dem etwas geneigten Kopf kann ich erkennen, daß er sich schämt.
Jetzt stehe ich vor diesem fetten Zwerg mit Erektion und weiß nicht, was ich mit meiner Pistole anfangen soll. Was würde es mir nützen, wenn ich ihn tatsächlich umbrächte? Das ist doch lächerlich!
Wie dumm ich bin.

»Nicht bewerten! Nur weiter hinschauen«, unterbricht Rennebaum, »lassen Sie sich nicht beeindrucken! Warten Sie ab, was passiert.«

Trotz meiner Ratlosigkeit bin ich weitergewachsen, im selben Maß wie mein Vater kleiner wurde. Mittlerweile ist die Diskrepanz zwischen uns schon ganz erheblich. Gerade und selbstbewußt stehe ich vor ihm und mustere seine jämmerliche Figur. Sein Anblick löst weder Schrecken noch – wie bisher immer – entschuldigendes Mitgefühl aus, ich kann ihm unbeeindruckt von oben her ins Gesicht blicken, und jetzt weiß ich auch, was ich ihm sagen will:
›Was bildest du dir eigentlich ein?
Behalt doch deinen mickrigen Schwanz für dich!
Mich kannst du damit nicht beeindrucken.
Wenn ich Spaß haben will, brauch' ich was Besseres.
Geh du doch zu deiner Frau, wenn die sich das bieten läßt.
Oder schickt sie dich in die Wüste?
Verstehen könnt' ich's, du bringst ja nichts, du Superarschloch.‹
Während ich ihn auf ordinärste Weise runtermache, lächelt er weiter, er verteidigt sich nicht, er schrumpft in sich hinein, es scheint, als wäre es nun *seine* Persönlichkeit, die ihr Rückgrat und ihren Zusammenhalt verliert.
›So, du altes Schwein‹, beende ich meine emotionslose Schimpftirade, ›jetzt weißt du, was ich von dir halte. Und jetzt zeigst du mir detailgenau, was du gemacht hast.‹
Er traut sich nicht, mir zu widersprechen. Mit gesenktem Blick steht er auf, öffnet mit großer Geste und weit ausgebreiteten Armen die Tür zum Schlafzimmer, neigt den Kopf nochmals um zwei Grad und läßt mich vorangehen.
Ich trete über die Schwelle und schaue in den nun offenliegenden Raum hinein. Wie auf einer Leinwand oder in einem Fernseher läuft da die Szene, hinter der ich seit Jahren hersuche.
Ein breites Doppelbett mit zurückgeschlagener grün-goldener Bettdecke bildet den Hinter- oder Untergrund. Das Laken ist zerwühlt, die Kopfkissen sind in den angstvoll verkrampften Händen eines mageren Kindes zusammengeknüllt, dessen

Beine in sinnloser Anstrengung den Körper nach vorne zu schieben versuchen – ohne Erfolg, versteht sich.
Die beiden ineinander verschlungenen Leiber bleiben in der eingesunkenen Mitte der weichen Matratze, aber selbst wenn die Anstrengung des Kindes eine Bewegung zur Folge gehabt hätte, den Erwachsenen wäre es auch dann nicht losgeworden, der da über ihm kniet, es an den Hüften festhält und sich in seinen Körper hineinbohrt.
Jetzt schaut das Kind in meine Richtung, es sieht mich nicht, es hat einen starren Gesichtsausdruck, weit aufgerissene Augen, wirre Haare und einen Mund, der zu durchdringendem Schreien geöffnet ist, obwohl man nichts hört.
Es sind wie überall die Details, in denen die Qualität des Vorgangs deutlich wird: das vor Entsetzen verwischte Gesicht des Mädchens, nur Augen und Mund; ihre fahrigen Handbewegungen; fette, nackte Männerknie zwischen kindlichen Oberschenkeln; eine zusammengefallene Herrenhose vor dem Bett; das Revers einer Jacke auf dem Stuhl daneben und die schweren Manschettenknöpfe im weißen Oberhemd.
Das Gesicht des Mannes ist feist, glänzend, zufrieden, ein bißchen weggetreten. Eben ein Mann beim Geschlechtsverkehr.

Herr Rennebaum ist fassungslos.
»Zufrieden?« fragt er gleich zweimal. »Das ist ja brutal.«
Aber es ist sowieso alles brutal an dieser Szene, das fällt sogar mir auf. Hardcore. Gerade deswegen entlastet sie mich auf unvorhergesehene Weise.
Was Rennebaum mir seit Jahren klarmachen wollte und was ich nie begriffen habe, das scheint sich beim Blick in dies Schlafzimmer in verstehbare Realität zu verwandeln: Ich hatte keine Verantwortung.
Dafür, daß das so lief, konnte ich nichts.
Endlich freigesprochen, endlich ohne diese Bürde.
Die Verletzung selbst ist nicht so lähmend. Sie ist etwas völlig anderes als die wütende Fragerei, mit der ich bisher über mich hergefallen bin: Warum hast du dich nicht gewehrt, warum hast du nicht wenigstens einmal versucht, das jemandem zu erzählen, warum bist du nicht weggelaufen?

Diese Vorwürfe sind haltlos.
Damals hätte ich mich nicht wehren können.
Wenn ein Erwachsener dem Kind, das er liebt, seinen Phallus in den After rammt, dann können Tränen in den Augen nichts ausrichten.
Da kann man nicht weglaufen, wohin denn auch?
Da kann nichts erzählt werden, wem denn?
Nein, da gab es keinen Ausweg. Da war ich allein, und der, der mir helfen und mich schützen sollte, war drauf und dran, mich umzubringen.

Tagelang stehe ich vor diesem mißbrauchten Kind.
Ich traue mich nicht näher ran, ganz vorsichtig müßte man hinschleichen, damit es nicht erschrickt. Ich traue mich nicht, es anzufassen, man könnte etwas kaputtmachen, und es ist ohnehin so wund, jede Berührung tut weh. Es müßte, ohne sich bewegen zu müssen, von diesem Spieß befreit und hingelegt werden, damit es seine Hände zwischen die Beine legen und langsam, mit den Fingerspitzen, diesen Bereich abtasten kann; ganz behutsam, damit nicht noch mehr Schaden entsteht. So könnte es vielleicht wieder Kontakt zu seinem Körper bekommen und den Haß wegfließen lassen, mit dem es sich selbst blockiert hat.
Das reglose Schweigen, in dem sich vollzieht, was ich anzuschauen habe, degradiert mich zum Zuschauer ohne Rechte und Pflichten.
Ich darf nicht eingreifen, aber ich muß auch nicht.
Es gibt nichts, was ich tun könnte, und so bleibe ich stehen, ein neutraler Zuschauer, nicht bereit, mich mit dem Kind zu identifizieren oder einen Finger zu rühren, um ihm zu helfen; aber auch nicht bereit, den Täter, der hier so vollständig und klar zu sehen ist, zu entschuldigen oder etwa das Geschehen zu verstecken.
Ich denke nicht dran.
Ich stehe da und schaue zu.
Ohne Bewertung, genau wie Herr Rennebaum immer gefordert hat.
Ich sehe und erkenne, was da läuft.

Ein Erwachsener hat Analverkehr mit einem Kind.
Mein Vater.
Und ich.
Es ist ein scheußlicher Anblick, der Kerl gehört in den Knast!
Scheißkerl.
Mein Vater.
Papi.

Der Geschäftsmann in dir war nur die eine Seite, korrekt, gerecht, politisch engagiert, ein gradliniger, zuverlässiger Bürger, eine Stütze unserer Sozialgemeinschaft. Du hast dich benommen wie die heutigen Geschäftsleute und Ehrenmänner, die ihren Anzug anziehen und voller Pflichtbewußtsein und Anständigkeit ihrem Beruf nachgehen. Aber einmal im Jahr, da fahren sie nach Bangkok oder Singapur oder in sonst eines von diesen einschlägigen Ländern und lassen die Sau raus. Minderjährige Mädchen, kleine Jungen, alles, was sie sich vorstellen und wünschen können, das leisten sie sich dort für einen Apfel und ein Ei, und wenn sie wieder zu Hause sind, vergessen sie schleunigst diese Seite ihres Wesens und sind wieder die ordentlichen Bürger.
Du hast dir die weiten Wege sparen können, Papi, du brauchtest keine Reise nach Fernost zu buchen, du brauchtest nicht das unberechenbare Wagnis von Ansteckungen oder anderer Unbill auf dich zu nehmen, du konntest den ganzen Unwägbarkeiten solcher dunklen Leidenschaften entgehen, die ja stets ein gewisses Risiko in sich bergen, du hattest gar kein Risiko, du brauchtest nur einmal mit dem Finger zu schnippen, und schon hattest du alles, was du dir vorgestellt hast; und noch dazu von jemandem, der dir, immer wenn du es wolltest, versicherte: Papi, ich hab' dich lieb.
An deinem Wunsch, diesen Satz zu hören, geht mir auf, wie einfach du es hattest. Egal, ob nach einem Analverkehr oder nach einer Tracht Prügel, zum Schluß wolltest du von mir genau das hören: Papi, ich hab' dich lieb... Und ich hatte die größten Schwierigkeiten mit diesem Bekenntnis, weil es mir so unehrlich vorkam. Voller Angst und voller Haß stand ich vor dir und

quälte mich damit. Dir reichte es nicht, meinen Körper benutzt zu haben, du wolltest noch zusätzlich dies kleine Sahnehäubchen obendrauf: Papi, ich hab' dich lieb.
Der winzige Satz macht den ganzen Unterschied zu den Biedermännern mit asiatischen Kinderprostituierten aus: Die haben ein Geschäft abgeschlossen und sich mit dem bezahlten Vergnügen zufriedengegeben, du wolltest mehr, du wolltest auch meine seelische Abhängigkeit, du wolltest mich ausnutzen und trotzdem meine Liebe nicht verlieren, du wolltest im Moment der Handlung schon das Verzeihen in der Tasche haben. Die Absolution für alle zukünftigen Geschehnisse.
Aus dieser Liebeserklärung wurde für mich ein Programm: Du mußt deinen Papi lieben.
Was das heißt, liegt auf der Hand: Keinen Haß, keine Angst, keinen Widerwillen, keinen Ekel, nur Zuneigung durfte ich für dich empfinden.
Ich habe mich redlich bemüht, Papi, zwanzig Jahre lang habe ich diese Gefühle für meine eigene perverse Verirrung gehalten und ausschließlich die Liebe zu dir akzeptieren können.
Selbst nach Jahren der Therapie fiel es mir schwer, einzugestehen, daß von uns beiden du der Perverse gewesen bist.
Damit ist Schluß.
Die Verwirrung meiner Maßstäbe ist zu Ende.
Ich habe dich gesehen, wie ein Gericht sehen müßte, was passiert ist. Ruhig, ohne Wut, ohne Haß, ohne die verzweifelte Liebe eines abhängigen Kindes.

Das hat mich verändert, ich bin selbstbewußt geworden...
Häufig habe ich in der letzten Zeit neue Visionen: Wie ich lache, wie ich stark bin und mich gut fühle, sicher, ohne Bedrohung, wie ich tue, was ich für richtig halte, arbeite, Leute anspreche, mit Sven schlafe, glücklich bin.
Gestern habe ich geträumt, ich würde als Kind vor Papi liegen, er stünde zwischen meinen Beinen, und ich würde wachsen, lachend wachsen, bis ich größer wäre als er.
Mein Lachen wächst mit, ich bin frei, er ist mir egal, er ist ja tot, ich habe mit ihm nichts mehr zu tun.

Lebenskrisen · Lebenschancen

Renate Anders
Grenzübertritt
Eine Suche nach geschlechtlicher Identität. Band 3287

Sigrid Borst
Weniger als ein Jahr...
Unser Kampf gegen den Krebs. Bd. 3248

Ingeborg Bruns
Das wiedergeschenkte Leben
Tagebuch über die Leukämieerkrankung eines Kindes
Band 3247

Herbert Dalhoff
So krank wie die Erde
Krebsleiden und Naturerfahrung
Band 10654

Ursula Dette
Ein langer Abschied
Der Verlauf einer Alzheimer Krankheit
Band 10873

Karin Dexel
Wolken über dem Tag
Leben mit einer endogenen Depression
Band 10802

Petra Dreyer
Ungeliebtes Wunschkind
Eine Mutter lernt, ihr behindertes Kind anzunehmen
Band 3252

Pia Frey
Die »Liebe meines Vaters«
Annäherungen an einen sexuellen Mißbrauch. Band 11121

Josef Gabriel
Verblühender Mohn
Aids – die letzten Monate einer Beziehung. Band 3249

Hartmut Gagelmann
Annas Tod
Briefe an das Leben
Band 11029

Verena Günther-Gödde
Die Lösung
Befreiung aus einer psychischen Abhängigkeit. Band 10881

Fischer Taschenbuch Verlag

fi 26 / 21 a

Lebenskrisen · Lebenschancen

Monika Hahn-Lepper
Nicht zum Leben geboren
Trauerarbeit nach dem Verlust meiner Kinder. Band 10257

Torey L.Hayden
Kevin
Der Junge, der nicht sprechen wollte
Band 3253

Christine Hofmann
Stunden, die zählen
Ein Kind findet ein Zuhause. Band 3296

Anne Karedig
Weh dem, der mich berührt
Bewältigung eines Inzesttraumas
Band 11844

Anne Karedig
Zieh dich schon mal aus, ich hol' inzwischen den Stock
Versuch einer Aufarbeitung. Bd.10382

Monika Knorr
Bauchschmerzen
Von der Auflehnung meines Körpers
Band 10377

Ruth van Leeuwen
Rückkehr zur Offenheit
Eine Frau lernt ihr Leben wieder lieben
Band 3271

Christiane Lenker
Krebs greift das Herz nicht an
Mein zweites Leben
Band 11623

Christiane Lenker
Krebs kann auch eine Chance sein
Zwischenbilanz oder Antwort an Fritz Zorn
Band 3288

Marlene Lohner
Plötzlich allein
Frauen nach dem Tod des Partners
Band 3290

Mary MacCracken
Charlie, Eric und das ABC des Herzens
Außenseiter im Klassenzimmer
Band 3273
Lovey
Die Therapie eines schwierigen Kindes
Band 3274

Fischer Taschenbuch Verlag

fi 26 / 15 b

Lebenskrisen · Lebenschancen

Kristine Malecki-Gilys
Diese eine Reise noch
Eine Mutter stirbt
Band 11037

Angelika Mechtel
Jeden Tag will ich leben
Ein Krebstagebuch
Band 10874

Dieter Menninger
Lerne Abschied nehmen
Protokolle eines Schlaganfalls
Band 11089

Helene Merz
Die verborgene Wirklichkeit
Geschichte einer Verstörung
Band 3265

Ulrike Millhahn
Von der Schwierigkeit eine gute Stiefmutter zu sein
Band 11141

I. Poppe-Teufel
Tollkirschenzeit
Malignes Melanom als Erfahrung der Lebensgrenze
Band 10419

Jennifer Roth
Der Weg der Glückseligkeit
Meine Jahre in einer totalitären Sekte
Band 11081

Beat Schliep
Von Arzt zu Arzt
Die Odyssee eines Kranken
Band 10749

Bernd-Joachim Schulz
Das hoffnungslose Leben der Anna M.
Bericht über eine Schizophrenie
Band 3255

Hans D. Wallburg
Nachtfrost
Tagebuch eines Alkoholrückfalls
Band 11689

K.-D. Wehmeier (Hg.)
Trocken und clean
Süchtige berichten
Band 11845

Necha Zupnik
Janina ist nicht wie die anderen
Band 11325

Fischer Taschenbuch Verlag

fi 26 / 10 c

Psychologische Ratgeber

Eine Auswahl

George R. Bach/
Herb Goldberg
Keine Angst vor Aggression
Die Kunst der Selbstbehauptung
Band 3314

George R. Bach/
Peter Wyden
Streiten verbindet
Spielregeln für Liebe und Ehe
Band 3321

Eugene C. Bianchi
Mit den Jahren gehen
Ein Wegbegleiter für ein schöpferisches Älterwerden
Band 11294

Katharina Dalton
Mütter nach der Geburt
Wege aus der Depression
Band 10955

Esther Dreifuss-Kattan
Krebs
Kreativität und Selbst-Heilung
Band 11278

Ann Faraday
Deine Träume - Schlüssel zur Selbsterkenntnis
Band 3306

Liz Greene
Kosmos und Seele
Wege zur Partnerschaft
Ein astro-psychologischer Ratgeber
Band 10748

Werner Gross
Sucht ohne Drogen
Arbeiten, Spielen, Essen, Lieben...
Band 3531

Alois Hicklin
Das menschliche Gesicht der Angst
Band 11753

Fischer Taschenbuch Verlag

fi 9 / 8 a

Psychologische Ratgeber

Eine Auswahl

Edith Laudowicz
Älter werden wir doch alle
Individuelle und gesellschaftliche Perspektiven
Band 11462

(Hg.)Gottfried Lutz/ B. Künzer-Riebel
Nur ein Hauch von Leben
Eltern berichten vom Tod ihres Babys und von der Zeit der Trauer
Band 10616

Angelika Mechtel
Jeden Tag will ich leben
Ein Krebstagebuch
Band 10874

Else Müller
Du spürst unter deinen Füßen das Gras
Autogenes Training in Phantasie- und Märchenreisen
Vorlesegeschichten
Band 3325
Du fühlst die Wunder nur in dir
Autogenes Training und Meditation in Alltagsbeobachtungen, Aphorismen und Haikus
Band 11692
Auf der Silberlichtstraße des Mondes
Autogenes Training mit Märchen zum Entspannen und Träumen.Band 3363

Else Müller
Wege in der Wintersonne
Autogenes Training in Reiseimpressionen. Bd.11354

Jutta Schütz
Ihr habt mein Weinen nicht gehört
Wie man suizidgefährdeten Jugendlichen helfen kann
Band 11964

Reinhart Stalmann
Psychosomatik
Wenn die Seele leidet, wird der Körper krank
Ein Therapeut erklärt Fälle aus der Praxis
Band 3332

Fischer Taschenbuch Verlag

fi 9/5 b

Psychologie

Eine Auswahl

Alexandra Adler
Individual-psychologie
Anleitung zur Praxis. Band 10131

Charles Brenner
Grundzüge der Psychoanalyse
Band 6309
Praxis der Psychoanalyse
Psychischer Konflikt und Behandlungstechnik
Band 6740

Hilde Bruch
Eßstörungen
Zur Psychologie und Therapie von Übergewicht und Magersucht
Band 6796

Hilde Bruch
Das verhungerte Selbst
Gespräche mit Magersüchtigen
Band 10167

Almuth Bruder-Bezzel
Geschichte der Individual-psychologie
Band 10793

(Hg.) Ernst Federn/ G. Wittenberger
Aus dem Kreis um Sigmund Freud
Nachträge zu den »Wiener Protokollen«
Band 10809

Sándor Ferenczi
Schriften zur Psychoanalyse
Auswahl in zwei Bänden
Herausgegeben von Michael Balint
Bd.: 7316 / 7317

Georg Groddeck
Verdrängen und heilen
Aufsätze zur Psychoanalyse und psychosomatischen Medizin
Band 11915

Jolande Jacobi
Die Psychologie von C.G. Jung
Eine Einführung in das Gesamtwerk
Band 6365

Fischer Taschenbuch Verlag

fi 1191 / 5 a

Psychologie

Eine Auswahl

Arthur Janov
Der neue Urschrei
Fortschritt in der Primärtherapie
Band 11554

Marianne Krüll
Freud und sein Vater
Die Entstehung der Psychoanalyse und Freuds ungelöste Vaterbindung
Band 11078

Margaret S. Mahler
Studien über die drei ersten Lebensjahre
Band 10798

Josef Rattner
Psychotherapie als Menschlichkeit
Band 6253

Josef Rattner
Tugend und Laster
Tiefenpsychologie als angewandte Ethik. Band 10410

Reimut Reiche
Geschlechter-spannung
Eine psychoanalytischeUntersuchung
Band 10329

Theodor Reik
Arthur Schnitzler als Psycholog
Band 11638

Rainer Schmidt
Träume und Tagträume
Eine individual-psychologische Analyse. Bd .10649

R. Schmidt (Hg.)
Die Individual-psychologie Alfred Adlers
Band 6799

Harry Stroeken
Freud und seine Patienten
Band 10856

Erwin Wexberg
Zur Entwicklung der Individual-psychologie
und andere Schriften
Herausgegeben von Gerd Lehmkuhl
Band 4619

Fischer Taschenbuch Verlag

fi 1191 / 6 b

Die Frau in der Gesellschaft

H.Lightfoot-Klein
Das grausame Ritual
Sexuelle Verstümmelung afrikanischer Frauen
Band 10993

Karen Lison/
Carol Poston
Weiterleben nach dem Inzest
Traumabewältigung und Selbstheilung
Band 10422

C.Meier-Seethaler
Ursprünge und Befreiung
Die sexistischen Wurzeln der Kultur
Band 11038

M.Mitscherlich
Die friedfertige Frau
Eine psychoanalytische Untersuchung zur Aggression der Geschlechter
Band 4702

Ulla Roberts
Starke Mütter – ferne Väter
Töchter reflektieren ihre Kindheit im Nationalsozialismus und in der Nachkriegszeit
Band 11075

Penelope Shuttle/
Peter Redgrove
Die weise Wunde Menstruation
Band 3728

Ingrid Strobl
»Sag nie, du gehst den letzten Weg«
Frauen im bewaffneten Widerstand gegen den Faschismus
Band 4752

Gerda Szepansky
»Blitzmädel«, »Heldenmutter«, »Kriegerwitwe«
Frauenleben im Zweiten Weltkrieg
Band 3700

Frauen leisten Widerstand: 1933 - 1945
Band 3741

Fischer Taschenbuch Verlag

fi 14 / 3 c